LE STATUT

DES

FONCTIONNAIRES

DOCUMENTS

PAR

G. DEMARTIAL

Préface de M. FERNAND FAURE

Extrait de la Revue Politique et Parlementaire

(Juin, Juillet, Août, Septembre 1907)

PARIS

BUREAUX DE LA *REVUE POLITIQUE ET PARLEMENTAIRE*

63, RUE DE L'UNIVERSITÉ

LE STATUT DES FONCTIONNAIRES

DOCUMENTS

PAR

G. DEMARTIAL

Préface de M. FERNAND FAURE

Extrait de la **Revue Politique et Parlementaire**

(Juin, Juillet, Août, Septembre 1907)

PARIS

BUREAUX DE LA *REVUE POLITIQUE ET PARLEMENTAIRE*

63, RUE DE L'UNIVERSITÉ

PRÉFACE

Si jamais les fonctionnaires publics français sont soustraits à l'influence corruptrice des politiciens plus préoccupés de leurs intérêts personnels que de l'intérêt national, s'ils peuvent remplir leurs devoirs professionnels dans une entière liberté d'esprit, leurs droits et leurs intérêts étant garantis et protégés par des lois claires et formelles, s'ils sont dégagés de l'odieux souci des démarches réputées indispensables pour obtenir, à tous les tournants de la carrière, la plus modeste et la plus légitime des satisfactions, si chacun d'eux est assuré d'être toujours traité suivant son mérite, si les bons sont toujours sûrs d'être récompensés et de ne voir jamais les médiocres et les intrigants gratifiés des meilleurs postes et des avancements les plus rapides, notre collaborateur, M. G. Demartial, pourra se flatter d'avoir contribué, pour une grande part, à cet heureux résultat.

Il y aura contribué, tout particulièrement, par la publication des documents et des textes relatifs au Statut légal des Fonctionnaires qu'il réunit aujourd'hui dans une brochure et que nos lecteurs ont certainement remarqués (1). Ces documents et ces textes sont autrement probants et suggestifs que les meilleurs articles de journaux ou de revues. Ils sont empruntés, pour la France, à des propositions de loi remontant à 1845, 1847 et 1887 : pour l'Italie et la Belgique, à des propositions en cours d'étude ; pour l'Allemagne, l'Angleterre et les Etats-Unis, à leur législation actuelle. M. G. Demartial nous a demandé de dire, en quelques mots, la leçon qui s'en dégage. Nous le faisons bien volontiers.

(1) Voir les numéros de juin, juillet, août et septembre 1907, de la *Revue Politique et Parlementaire*.

*
* *

L'histoire des propositions de loi françaises offre, pour nous, un grand intérêt à plus d'un titre. Elle nous montre notamment deux choses qui devraient bien attirer l'attention des républicains radicaux qui nous gouvernent. Elle nous montre, en premier lieu, que les républicains de 1848 avaient parfaitement compris la nécessité de régler, par la loi, la situation des fonctionnaires. « *Tous les citoyens sont également admissibles à tous les emplois publics*, lisons-nous dans l'article 10 de la Constitution du 4 novembre 1848, *sans autre motif de préférence que leur mérite et suivant les conditions qui seront fixées par les lois.* » L'article 64 s'exprimait ainsi : « *Le Président de la République nomme et révoque, sur la proposition du ministre compétent, dans les conditions réglementaires déterminées par la loi, les agents secondaires du Gouvernement.* » (1) Elle nous montre, en second lieu, que le vote de la loi ainsi annoncée et promise, fut empêché, en 1850, par M. Rouher. Que le ministre du Second Empire n'ait pas été d'accord avec les républicains qu'il se préparait à chasser et à traduire devant les Commissions mixtes, à cela rien de surprenant. Mais pourrait-on en dire autant, s'il était établi que nos radicaux et radicaux-socialistes de 1907 sont beaucoup plus près d'être d'accord avec M. Rouher qu'avec les auteurs de la Constitution du 4 novembre 1848 ?

*
* *

De l'Italie et de la Belgique nous viennent des leçons fort instructives à coup sûr, mais non point décisives. Ces deux pays sont encore, au point de vue de la réglementation du sort des fonctionnaires, dans la période de préparation. Nous n'y rencontrons que des projets de loi. Tout ce qu'on peut dire, c'est qu'ils sont beaucoup plus sérieux, beaucoup mieux étudiés et plus intéressants que les projets élaborés en France depuis quelques années par le gouvernement et par les Commissions parlementaires.

L'Italie a eu la bonne fortune de trouver, en 1903, un gou-

(1) **Voir** aussi les articles 85, 86 et 87, relatifs à la nomination des magistrats.

vernement qui a compris le rôle qui lui incombe en cette matière. Au lieu de s'en remettre au Parlement, comme l'a fait,
il y a six mois, et comme le fait encore notre ministère français, le ministère Zanardelli a préparé et déposé un vaste
projet de loi « sur l'état des fonctionnaires civils » qui ne
comprend pas moins de 71 articles. Ce sont les ministres eux-
mêmes qui ont eu conscience du danger que fait courir aux
services publics, placés sous leurs ordres, le pouvoir arbitraire dont ils sont investis. C'est le gouvernement lui-même
qui est venu affirmer: « que les fonctionnaires ne peuvent
donner le plein des qualités d'intégrité, d'autorité et d'intelligence nécessaires dans leurs fonctions, que s'ils sont défendus contre toute possibilité d'arbitraire, de favoritisme et
d'injustice. »

Ce qui se passe en Belgique ne diffère pas très sensible-
ment, cela est triste à dire pour ce pays, de ce qui se passe
en France aujourd'hui. Tout le monde reconnaît que la situation des fonctionnaires y est déplorable et qu'il faut en
chercher la cause dans l'absence de toute réglementation légale. Mais l'initiative gouvernementale ne laisse pas moins
à désirer en Belgique qu'en France. Les deux projets de loi,
dont est saisie la Chambre des députés, datent de 1894 et
rien ne permet de prévoir le vote prochain de l'un d'entre eux.
Il convient pourtant de noter, pour l'édification de la majorité
radicale socialiste qui siège au Palais-Bourbon, que ces deux
propositions émanent, l'une du parti libéral, l'autre du parti
ouvrier, c'est-à-dire des fractions avancées de la Chambre
belge, et que la seconde ne diffère guère de la première que
sur des points de détail. Comme les socialistes français, les
socialistes belges sont partisans des Syndicats de fonctionnaires. Ils y voient un des organes essentiels des services
publics de l'avenir. Mais ils sont trop avisés pour ne point
laisser à l'avenir le soin de réaliser cette conception. On n'en
trouve aucune trace dans leur proposition.

*
* *

L'Administration que l'Europe nous envie n'existe guère,
depuis longtemps, que dans l'imagination de quelques chau-

vins endurcis. Tous ceux qui sont en état de les comparer savent, qu'à tout prendre, les services publics allemands, anglais et même américains, sont aujourd'hui supérieurs aux nôtres... Et il n'est pas trop malaisé de découvrir les causes multiples de leur supériorité.

La législaton allemande sur la condtion des fonctionnaires de l'Etat est une des plus remarquables que l'on puisse rencontrer. Entre les droits de l'Etat et ceux des fonctionnaires, elle ne prend pas parti. Elle les respecte et les protège également. L'esprit de justice qui l'inspire à l'égard des fonctionnaires ne l'empêche pas de sauvegarder efficacement l'intérêt supérieur de l'Etat. Elle sait obtenir d'eux une discipline irréprochable et un dévouement complet à leur tâche, en leur accordant un maximum de satisfactions et de garanties. En fait, c'est en Allemagne, aujourd'hui, que le public, que la nation sont le mieux servis par les agents de l'Etat.

Il y a des arsenaux en Allemagne. Il y a aussi un personnel nombreux d'instituteurs et de professeurs. Il n'y vient à l'esprit de personne que quelques-uns de ceux-ci puissent être des professeurs d'anarchie et puissent s'affilier à une Association qui poursuit, au grand jour, la destruction violente de la société actuelle. Et on y conçoit encore moins, si c'est possible, des arsenaux peuplés de milliers d'ouvriers se refusant systématiquement à tout travail sérieux, pouvant à leur aise narguer leurs chefs et se disant publiquement antimilitaristes et antipatriotes. On y considère comme atteints de folie ou de quelque autre maladie plus grave encore, les pays où de tels faits peuvent se produire, sous le regard bienveillant ou tout au moins indifférent des pouvoirs publics.

Dira-t-on que l'Allemagne vit sous une constitution politique qui ne permet guère à la France républicaine d'y chercher des exemples, en matière d'organisation des services publics ? L'objection serait enfantine, en vérité, et ne mérite pas qu'on s'y arrête. On aurait le droit de prendre en pitié ceux qui ne comprendraient pas qu'une administration forte est peut-être encore plus nécessaire dans une démocratie que

dans un empire et que les conditions essentielles d'une bonne
organisation administrative sont exactement les mêmes dans
la République française et dans l'Empire allemand.

Ce n'est pas la législation relative aux fonctionnaires qui
est remarquable en Angleterre, c'est plutôt l'absence de législation spéciale. Les fonctionnaires anglais sont régis par les
lois communes à tous les citoyens. C'est ainsi qu'ils ont naturellement le droit de former des associations professionnelles. Mais les syndicats de fonctionnaires n'ont guère, de
l'autre côté de la Manche, que le nom de commun avec nos
syndicats de fonctionnaires français. De même qu'ils n'ont
pas eu pour cause l'intervention néfaste des politiciens et la
pratique du favoritisme, ils n'ont pas eu pour effet d'affaiblir
les services publics, en y introduisant des germes d'anarchie.
La discipline y est restée aussi forte et l'autorité nécessaire
des chefs aussi respectée que jamais (1).

Cet heureux état de choses s'explique par la qualité des
mœurs anglaises. Le recrutement et l'avancement des fonctionnaires sont restés complètement indépendants de toute
considération et de toute influence politiques. Il y a là comme un domaine fermé à l'action des membres du Parlement.
Et quant aux fonctionnaires, ils ne songent pas plus à sol-
liciter l'intervention des parlementaires que ceux-ci ne songent à la leur offrir. Ils se sentent suffisamment protégés par
la loi commune, d'une part et, de l'autre, par les usages et les
règlements qui fixent les conditions du travail dans chaque
branche du service.

Des mœurs pareilles nous semblent infiniment préférables,
même à une législation spéciale excellente. Si nous avions le
pouvoir de choisir entre le régime allemand et le régime anglais, nous n'hésiterions pas à donner la préférence à celui-
ci. Mais est-il besoin de faire remarquer que nos mœurs politiques n'ont qu'une bien lointaine ressemblance avec les
mœurs politiques anglaises et qu'il ne suffit pas, pour les trans-
former et les améliorer, de placer sous les yeux de nos parlementaires le spectacle du fonctionnement du *Civil service*

(1) Voir sur ce point l'excellent rapport de M. Noulens, député, sur
le budget de 1908, des Postes et Télégraphes.

anglais. Les lois d'un pays voisin sont plus faciles à imiter que ses mœurs. Une législation peut, à la rigueur, être un article d'importation ; des mœurs publiques ne le sont pas.

L'histoire de la loi américaine du 19 janvier 1883, sur la régularisation et l'amélioration du service civil, offre pour nous un intérêt tout particulier, à cause des analogies nombreuses qu'on peut découvrir entre les circonstances qui ont amené le vote de cette loi et celles au milieu desquelles nous nous débattons en France aujourd'hui.

Les services publics des Etats-Unis ont donné, entre 1850 et 1880, le spectacle des plus invraisemblables abus. Ils furent, à cette époque, la proie des politiciens. Les politiciens trouvaient dans la plupart des fonctionnaires publics des serviteurs et des complices. Il fallut les scandales inouïs des élections de 1882 et l'assassinat du Président Garfield par un candidat évincé, pour émouvoir l'opinion et rendre possible le vote de la loi de 1883. Cette loi a eu pour but et pour résultat, ainsi que le démontre une expérience de près de 25 ans, de régulariser et d'améliorer le service civil des Etats-Unis. Elle n'a pas craint d'attaquer le mal dans sa racine et là est, sans doute, l'explication de son succès, en édictant, par exemple, une disposition du genre de celle de l'article 10 : *« Aucune recommandation d'un membre du Sénat ou de la Chambre des représentants (sauf pour ce qui concerne les renseignements sur la résidence ou la réputation des candidats) ne devra être reçue ou prise en considération par aucun de ceux qui, d'après la présente loi, ont qualité pour faire subir les examens ou nommer aux emplois. »*

L'exemple des Etats-Unis est de nature à nous rassurer. Il nous permet d'espérer qu'il n'est pas impossible à une démocratie de réagir contre la dégradation de ses services publics. Mais il ne faudrait pas que cette espérance vînt affaiblir notre résolution d'appliquer, sans retard, au mal dont nous souffrons, les remèdes efficaces. Il ne faudrait pas nous dire que nous sommes peut-être tombés moins bas, en 1907, que les Etats-Unis en 1882, et que nous avons le temps d'agir. Rien ne serait plus dangereux pour nous. Nous n'avons pas, pour triompher de l'affaiblissement de nos services publics, la

prodigieuse vitalité que la grande république américaine doit
à sa jeunesse et à la nature de ses institutions politiques. Qui
sait si le mal dont elle a réussi à se guérir, après l'avoir sup-
porté longtemps, ne deviendrait pas bientôt mortel pour un
vieux pays comme le nôtre ?

Si nous sommes bien inspirés, nous devrons nous hâter de
mettre à profit l'expérience américaine.

Le pouvons-nos et le voulons-nous ? Sommes-nous capa-
bles de donner à nos fonctionnaires français ce statut légal
qui leur manque, sorte de code fixant souverainement leurs
devoirs et leurs droits ? Sommes-nous bien décidés à en finir
radicalement avec ce favoritisme que le régime des arrêtés
ministériels ou même des décrets rendus en Conseil d'Etat
n'a jamais enrayé et qui a pris, visiblement, depuis une di-
zaine d'années, un si effrayant développement ? Nous sommes
de ceux qui le souhaitent ardemment. Il n'y a pas d'autre
moyen, suivant nous, de mettre fin à la crise redoutable de
nos services publics, de couper court à la propagande anar-
chiste que font avec succès, auprès d'un trop grand nombre de
fonctionnaires exaspérés, certains théoriciens du syndicalisme
administratif. Mais nous n'osons guère escompter le vote prochain de la loi nécessaire.

Il est difficile d'imaginer un concours de circonstances plus
défavorable.

Du côté des fonctionnaires, nous apercevons toujours une
minorité violente dont la faiblesse du pouvoir exalte l'audace
et qui seule fait entendre sa voix, en face d'une majorité
raisonnable, mais inerte et silencieuse.

Le gouvernement s'obstine à n'avoir pas, dans cette affaire,
le juste sentiment de sa responsabilité. C'est à lui, à lui seul,
qu'incombe la préparation et la présentation d'un projet de
statut légal des fonctionnaires. Il se dérobe à sa tâche. Il semble manquer de courage encore plus que de clairvoyance. On
ne le trouve résolu, en dépit des apparences, à l'intérieur
comme à l'extérieur, que dans une politique d'effacement, une
politique opportuniste, au sens le plus mauvais du mot.

Après la décision prise dans le Conseil des ministres, tenu
le 23 novembre dernier, il est impossible aux plus optimistes

de conserver une illusion. Les formules vagues et obscures
des communiqués officieux n'empêchent pas la vérité d'écla-
ter. Le Gouvernement ne veut, à aucun prix, d'un statut légal pour les fonctionnaires français. Il s'en tiendra à son in-
suffisant projet du 7 mars 1907 (1). Ayant à choisir entre la
méthode des républicains de 1848 et celle de M. Rouher, c'est
à celle-ci qu'il donne la préférence.

Et quant à la majorité de la Chambre, livrée à elle-même,
abandonnée par son guide naturel, le gouvernement, elle est
incertaine et flottante. Voilà près d'une année qu'elle hésite
entre les thèses les plus opposées. La Commission qu'elle a
chargée de lui préparer un projet donne son adhésion à l'idée
d'un statut légal des fonctionnaires. Mais elle n'ose pas
la refuser à la conception syndicaliste. Elle tente une concilia-
tion impossible entre les deux thèses contradictoires. Elle accepte à la fois le statut légal et le droit au syndicat professionnel. Accordant aux fonctionnaires plus qu'ils ne demandent,
elle espère sans doute satisfaire tout le monde. Elle n'aperçoit
pas qu'elle a les plus grandes chances, malgré toute l'habileté
de son rapporteur, l'honorable M. Jeanneney, de ne satisfaire
personne. Elle donnera trop à la majorité des fonctionnaires
qui se contenterait d'un statut légal bien fait. Elle ne donnera
pas assez à ceux qui réclament la liberté syndicale illimitée.

Au fond, la Chambre et la Commission voudraient bien
supprimer les abus trop criants du favoritisme ; mais elles
ne voudraient pas renoncer aux avantages qu'il procure à
une majorité issue du scrutin d'arrondissement. Voilà pourquoi le maintien du *statu quo* est l'aboutissement probable
de la discussion de tous les projets et contre-projets que la
question du statut légal des fonctionnaires aura fait naître
depuis six mois. Et ce qui est plus probable encore, c'est que
c'est la solution désirée par les membres influents de la majorité qui détient le pouvoir. L'hypothèse est vraisemblable,
en vérité. Elle n'est en contradiction ni avec le radicalisme
superficiel et peu désintéressé de quelques-uns, ni avec l'austé-
rité démocratique de quelques autres.

FERNAND FAURE.

(1) **Nous** l'avons analysé et jugé dans la *Revue Politique et Parlementaire* du 10 mai 1907.

LE STATUT DES FONCTIONNAIRES

1er juin 1907.

Monsieur le Directeur,

Votre article du mois dernier a fait faire un pas décisif à la question du statut des fonctionnaires. Des membres de la Commission chargée de l'examen du projet de loi sur les associations de fonctionnaires ont, comme vous, exprimé l'opinion que ce projet ne suffirait pas à résoudre les difficultés de l'heure présente et qu'il faudrait en même temps, sinon préalablement, fixer les conditions essentielles auxquelles un citoyen peut entrer dans le service public, y avancer et être amené à en sortir.

Ne pensez-vous pas que ce serait le moment de tirer de l'oubli profond où elles sont tombées les tentatives déjà faites pour doter les fonctionnaires d'un statut légal ? Au cours de mes études sur cette question à laquelle, vous le savez, je porte un si vif intérêt, je n'ai pas été peu surpris de découvrir qu'il y a soixante ans, exactement en 1845, une proposition de loi analogue, déposée par Saint-Marc Girardin, rapportée par Dufaure, n'avait été repoussée qu'à une voix de majorité après avoir été adoptée article par article, et que cet échec ne fut dû qu'à la pression sourdement opérée par le gouvernement, au fond hostile à la loi, sur les fonctionnaires qui, à cette époque, remplissaient la Chambre. Descendant ensuite le cours des années, j'ai constaté que M. de Gasparin avait repris cette proposition deux années après sans pouvoir, malgré un admirable discours, l'amener à discussion, — que la Constitution de 1848, en prescrivant dans ses articles 10 et 64 que les fonctionnaires ne pourraient être nommés et révoqués que dans les conditions fixées par la loi, avait rangé une loi sur l'état des fonctionnaires parmi les institutions essentielles d'une démocratie — que Mortimer-Ternaux déposa en 1849 une nouvelle proposition, que cette proposition soumise au Conseil d'Etat, fut adoptée ensuite par l'Assemblée, mais qu'à la troisième délibération M. Rouher la fit insidieusement abandonner pour l'anodine loi du 3 juillet 1850 qui se contente d'enjoindre au Gouvernement d'organiser les services publics par des règlements d'administration publique et qui n'a d'ailleurs jamais été exécutée, — que la « Commission de révision des services administratifs » de l'Assemblée nationale rédigea en 1873 une proposition sur « l'organisation des administrations publiques et sur l'état des employés » que les événements politiques firent négliger, — enfin que Marcel Barthe, à la Chambre en 1879 et au Sénat en 1887, essaya d'intéresser les Pouvoirs publics à une proposition qui s'inspirait des précédentes, mais réussit seulement à la faire adopter en Commission au Sénat.

Je vous propose de publier les textes des propositions Saint-Marc Girardin, Mortimer-Ternaux et Marcel Barthe, persuadé que cette publication constituerait une utile préface à l'œuvre que notre Parlement sera un jour ou l'autre, appelé à entreprendre à son tour.

Ensuite, si vous le voulez bien, je passerai à l'exemple des législations étrangères, qui sera bien autrement instructif encore, et qui n'est pas moins inconnu. Je publierai les passages essentiels des lois qui règlent la matière en Allemagne, du projet de loi si intéressant déposé par le Gouvernement italien sur l'état des fonctionnaires civils, des projets de même nature dus à l'initiative parlementaire en Belgique, des règlements et lois qui organisent le « Civil service » en Angleterre et aux Etats-Unis.

Je n'accompagnerai ces textes que des éclaircissements indispensables à leur intelligence ; je ne les discuterai pas. Le but de ces articles ne sera pas en effet de chercher ce que devrait être une loi organique du personnel des services publics, mais seulement de dire ce qui a été fait ou ce qu'on a projeté de faire dans cet ordre d'idées à d'autres époques ou dans d'autres pays. En un mot, j'apporte ici des documents, rien de plus.

Veuillez agréer, Monsieur le Directeur, l'assurance de mes meilleurs et tout dévoués sentiments.

G. DEMARTIAL.

FRANCE

Textes des propositions de loi déposées en 1845, 1849 et 1887 sur l'admission, l'avancement et la discipline dans les fonctions publiques.

PROPOSITION SAINT-MARC-GIRARDIN (1).

ARTICLE 1er. — A l'avenir, nul ne sera admis au grade le moins élevé de l'un des services publics rétribués par l'Etat, si son aptitude n'a été constatée par un des moyens suivants :

Le résultat d'un concours,

Un examen subi à la sortie d'une école spéciale,

Un diplôme obtenu dans une des facultés,

Un surnumérariat précédé et suivi d'examen,

Un certificat d'aptitude délivré après examen spécial.

La forme dans laquelle l'aptitude doit être constatée sera réglée, pour chacun des services publics, par des ordonnances rendues dans l'année qui suivra la promulgation de la présente loi, s'il n'y a déjà été pourvu, d'une manière conforme aux règles qui viennent d'être établies, par des lois, décrets ou ordonnances royales.

ARTICLE 2. — Les ordonnances rendues en vertu de l'article précédent détermineront la hiérarchie des emplois dans chacune des branches de l'administration et fixeront, s'il y a lieu, l'équivalence des grades, soit dans le même service, soit dans des services différents.

ARTICLE 3. — Nul ne sera admis dans les autres grades d'un service public rétribué par l'Etat qu'à la condition :

1° D'avoir rempli pendant un temps déterminé le grade immédiatement inférieur, ou un emploi équivalent ;

2° Et d'être compris sur une liste de présentation ou un tableau d'avancement, ou d'avoir subi, soit un examen, soit quelque autre épreuve spéciale.

Les ordonnances rendues en exécution de l'article 1er de la présente loi détermineront, pour chaque service, le temps à passer dans le grade inférieur, les fonctionnaires qui seront chargés de dresser les listes de présentations ou tableaux d'avancement, et la forme des examens ou épreuves spéciales.

ARTICLE 4. — Toutefois, les fonctionnaires de l'ordre judiciaire, les conservateurs, gardes et employés des bibliothèques ou archives du royaume, les préfets, les receveurs généraux et les receveurs particuliers pourront être nommés pour un cinquième en dehors des règles prescrites par l'article précédent.

ARTICLE 5. — Les dispositions de la présente loi ne s'appliqueront pas aux fonctions de :

(1) Ce texte est celui qui fut adopté en Commission sur le rapport de Dufaure (*Moniteur*, 1845, page 195).

Ministre,
Ambassadeur et ministre plénipotentiaire,
Gouverneur général de l'Algérie,
Sous-secrétaire d'Etat,
Secrétaire général d'un ministère,
Et préfet de police.

ARTICLE 6. — Toutes les nominations faites par ordonance royale ou par arrêté ministériel seront rendues publiques par la voie du *Moniteur*.

PROPOSITION MORTIMER-TERNAUX (1)

ARTICLE 1ᵉʳ. — Des règlements d'administration publique, qui devront être promulgués avant le 1ᵉʳ juillet 1850, détermineront les conditions d'admission et d'avancement dans les administrations centrales et dans tous les services publics dont les fonctionnaires ou employés sont rétribués directement sur les fonds de l'Etat et commissionnés par le gouvernement.

TITRE PREMIER. — DE L'ADMISSION.

ARTICLE 2. — Les règlements détermineront, pour chaque service :

1° L'âge avant lequel ou passé lequel on ne sera pas admis à se présenter comme candidat pour obtenir soit le titre de surnuméraire, soit la fonction ou l'emploi hiérarchiquement inférieur de chaque service ;

2° Les conditions de moralité, de capacité et d'aptitude que devront remplir les candidats.

Ces conditions seront constatées par des examens ou épreuves préalables et publiques dont les formes et les règles seront appropriées aux divers services.

(1) Cette proposition a passé par divers états. La constitution de 1848 ayant prescrit que les conditions de nomination et de révocation des fonctionnaires seraient fixées par la loi, un député, M. Deslongrais, déposa dès le 15 septembre 1848 une proposition en ce sens. Renvoyée à une commission spéciale elle fut l'objet d'un rapport entièrement favorable qui fut déposé le 5 février 1849 (*Moniteur*, page 443).

L'Assemblée constituante s'étant séparée sans l'avoir discutée, elle fut reprise devant l'Assemblée législative le 19 juin par M. Mortimer-Ternaux. La Commission chargée de son examen y apporta certaines modifications mais choisit néanmoins Mortimer-Ternaux comme rapporteur ; son rapport fut déposé le 4 août (*Moniteur*, page 2676). Discutée le 12 octobre, elle fut renvoyée au Conseil d'Etat, qui dans un rapport déposé le 17 février 1850 (*Moniteur*, page 588) proposa diverses modifications. Revenue devant l'Assemblée législative, elle fut encore légèrement amendée en commission et finalement fut abandonnée dans la séance du 5 juillet 1850. Il serait bien long de publier tous ces textes successifs; je reproduis seulement ici celui qui fut discuté dans la séance du 12 octobre 1849; c'est lui qui représente le mieux la moyenne des idées émises au cours de ces deux années.

Article 3. — Les règlements détermineront les fonctions qui seront en totalité ou en partie réservées aux militaires des armées de terre et de mer et les conditions d'âge, de moralité, de service et d'aptitude que ceux-ci devront remplir.

Article 4. — Les règlements détermineront les fonctions qui pourront être accordées dans une certaine proportion :

1° A des maires, adjoints ou autres citoyens ayant exercé pendant dix années au moins des fonctions gratuites ;

2° A des citoyens qui se seraient signalés par des actes de courage ou de dévouement.

Article 5. — Les règlements détermineront les emplois qui pourront être accordés, dans certains services, aux veuves, filles, petites-filles, sœurs ou nièces des employés et fonctionnaires civils et des citoyens indiqués aux articles 3 et 4, et dont les ressources seront insuffisantes pour les mettre à l'abri du besoin.

Article 6. — Tous les ans, à une époque déterminée par les règlements à intervenir, un jury, nommé pour chaque branche de service, constatera le résultat des examens et épreuves exigés par l'article 2, et dressera la liste d'admissibilité. Le nombre des admissibles sera calculé à raison des vacances probables de chaque service pour l'année suivante et sera déterminé d'avance par un arrêté ministériel.

Néanmoins, dans les administrations qui comptent un personnel peu nombreux, le jury pourra n'être assemblé que lorsque les besoins du service l'exigeront.

Article 7. — Les membres du jury seront nommés par arrêté du ministre compétent ; ils seront renouvelés périodiquement ; une partie des membres du jury ne devra pas appartenir au service pour lequel les épreuves et examens seront institués.

L'inscription sur la liste d'admissibilité ne sera valable que pour un temps déterminé, lequel, dans aucun cas, ne pourra excéder trois ans.

Article 8. — Toute admission d'un fonctionnaire ou employé ne sera définitive qu'à l'expiration des deux premières années de services, ces deux premières années n'étant considérées que comme un stage propre à constater son aptitude spéciale et sa conduite.

Titre II. — De l'avancement.

Article 9. — Nul fonctionnaire ou employé ne pourra, si ce n'est pour un acte de dévouement ou à raison de services exceptionnels, être promu à un grade supérieur qu'après deux ans de service dans le grade inférieur.

L'avancement sera toujours hiérarchique.

Dans les administrations où les besoins et la nature des services le permettront, les fonctionnaires et employés pourront être avancés sur place et sans avoir besoin de changer de résidence.

Article 10. — Donneront droit à l'avancement :

1° L'ancienneté ;

2° L'inscription sur un tableau de mérite dressé par les fonctionnaires désignés et d'après les règles déterminées pour chaque service par les règlements ;

3° Des actes de dévouement ou des services exceptionnels.

La part afférente à ces modes d'avancement dans l'ensemble des nominations sera réglée pour les différentes fonctions ou emplois de chaque service par les règlements.

L'avancement à l'ancienneté pourra ne pas être appliqué au-delà de certaines fonctions ou de certains emplois spécialement déterminés pour chaque service.

Titre III. — Dispositions générales.

Article 11. — Les fonctionnaires ou employés pourront passer, suivant les besoins ou l'intérêt de l'Etat, du service central au service extérieur, du service actif au service sédentaire ; à cet effet, des assimilations de grades et de fonctions pourront être établies entre les diverses parties d'un même service.

Par exception, les fonctionnaires ou employés du service central d'un ministère pourront passer dans le service central d'un autre ministère. L'arrêté de nomination fera connaître les motifs de cette mesure.

Article 12. — Toute nomination ou promotion sera rendue publique dans le mois qui la suivra et selon les formes qui seront fixées par les règlements. Toutes les fois qu'une nomination sera faite ou qu'un avancement sera accordé à raison d'actes de dévouement ou de services exceptionnels, les actes et les services sur lesquels sera basée la nomination ou la promotion seront constatés par un rapport spécial et motivé, lequel sera rendu public en même temps que l'arrêté ou le décret de nomination ou de promotion.

Article 13. — Ne pourront occuper une fonction publique ceux qui auront été privés de leurs droits civiques.

Article 14. — L'exercice du droit de suspension et ses effets seront déterminés pour chaque service par les règlements à intervenir.

Aucun fonctionnaire ou employé ne pourra être révoqué que par une décision spéciale et après avoir été mis en demeure de fournir ses observations.

Article 15. — Les dispositions des articles 11 et 14 ne sont pas applicables aux fonctions diplomatiques et consulaires.

La présente loi n'est pas applicable :

1° Aux fonctions de secrétaire général des Ministères, de chef de Cabinet des ministres, de directeur général d'administration, de chef de division dans les administrations centrales, de receveur général, d'administrateur et conservateur des bibliothèques natio-

nales, de ministre plénipotentiaire, d'ambassadeur, de préfet et de
sous-préfet ;

2° Aux fonctions dépendant de la police administrative ;

3° Aux services publics où l'admission et l'avancement sont réglés
par des lois spéciales.

Néanmoins, des règlements d'administration publique, qui devront être rendus dans les six mois de la promulgation de la présente loi, détermineront les conditions d'admissibilité aux fonctions de sous-préfet.

PROPOSITION MARCEL BARTHE (1)

ARTICLE 1er. — Nul ne pourra être admis dans les services publics
rétribués par l'Etat qu'après un concours, un examen spécial ou la
justification de titres déclarés équivalents à ces épreuves.

ARTICLE 2. — Tout candidat admis à la suite d'un concours, d'un
examen spécial ou de la justification de titres déclarés équivalents
à ces épreuves, débutera par le grade le moins élevé. Toutefois, les
nominations des magistrats, des préfets et des sous-préfets pourront
avoir lieu dans la proportion d'un tiers, en dehors des conditions
ci-dessus prescrites.

ARTICLE 3. — Le Conseil d'Etat, auquel une délégation spéciale
est donnée à cet effet, fera des règlements d'administration publique pour pourvoir à l'application de la présente loi.

Ces règlements devront être faits dans l'année qui suivra la promulgation de la loi et seront insérés au *Journal officiel* et au *Bulletin des lois*.

ARTICLE 4. — Les règlements d'administration publique détermineront notamment :

La composition des jurys de concours ou d'examens spéciaux;

L'équivalence des titres ;

Le mode d'établissement des tableaux d'avancement ;

L'assimilation des emplois dans le même service et entre services
différents s'ils comportent cette assimilation :

ARTICLE 5. — Les règlements fixeront les proportions des nominations qui auront lieu pour l'avancement à l'ancienneté ou au choix.

Cette proportion ne pourra pas être moindre d'un tiers pour l'ancienneté.

ARTICLE 6. — Nul fonctionnaire ou employé rétribué sur les fonds
de l'Etat ne pourra être frappé, pour manquement à son service,
que des peines disciplinaires suivantes, appliquées dans les conditions et dans les formes ci-après spécifiées :

(1) Ce texte est celui qui fut adopté en Commission par le Sénat sur le
rapport de Marcel Barthe lui-même, qu'elle avait choisi comme rapporteur (*Journal officiel*, Documents, Sénat, Session extraordinaire; 1887,
page 1).

1° La réprimande ;

2° La censure ;

3° Le déplacement ;

4° La suspension des fonctions pour une année au plus, avec ou sans privation totale ou partielle du traitement;

5° La destitution.

Les peines énoncées aux trois premiers numéros de cet article (réprimande, censure, déplacement) sont prononcées sans appel par le ministre ou son délégué, sur un rapport présenté par le Directeur général ou le chef de service.

Les peines énoncées aux quatrième et cinquième numéros sont prononcées, sauf appel devant le Conseil d'Etat, par un comité composé d'un président et de quatre membres, dont deux désignés parmi les fonctionnaires d'un grade supérieur à celui du fonctionnaire prévenu et deux parmi les fonctionnaires d'un grade égal au sien.

Si le fonctionnaire est attaché au service départemental, le comité comprend quatre fonctionnaires pris sur les lieux et est présidé par le chef de service du département.

Si le fonctionnaire est attaché à l'administration centrale, le comité est présidé par le ministre ou un délégué.

Les membres de ce comité sont toujours choisis par le ministre ou son délégué.

Dans le cas d'appel, le Conseil d'Etat statue en dernier ressort.

Le fonctionnaire est toujours entendu dans ses moyens de défense et peut se faire assister d'un défenseur.

Dans les cas d'urgence, une suspension, dont la durée ne dépassera pas deux mois, peut être prononcée par le ministre ou son délégué.

Article 7. — Les dispositions de la présente loi ne s'appliquent pas aux fonctions de ministre, d'ambassadeur, de ministre plénipotentiaire délégué pour conclure un traité ou pour d'autres négociations internationales, de gouverneur de l'Algérie.

Article 8. — Dans les services administratifs qui le permettront, il sera réservé, dans la mesure et aux conditions fixées par le Conseil d'Etat, une portion déterminée de fonctions, emplois et gestions, aux anciens militaires de terre et de mer, à leurs mères, veuves ou filles, ainsi qu'à celles des citoyens morts en accomplissant un acte de courage ou de dévouement.

Article 9. — Toutes les nominations et révocations faites par décret ou par arrêté ministériel seront rendues publiques par la voie du *Journal officiel*.

Article 10. — La présente loi n'est pas applicable aux services pour lesquels l'admission et l'avancement dans les fonctions sont réglés par des lois spéciales.

Article 11. — La présente loi est applicable à l'Algérie et aux colonies de la Guadeloupe, la Martinique et la Réunion pour ce qui concerne les fonctionnaires et agents à la nomination du Président de la République ou des ministres.

ALLEMAGNE (1)

On sait que l'Allemagne est un Etat fédéral, c'est-à-dire qu'il faut distinguer d'une part l'Empire allemand, et de l'autre les Etats qui le composent. De l'Empire relèvent les services communs à la Fédération, par exemple les offices des Affaires étrangères, des Colonies, des Postes et Télégraphes, du Trésor de l'empire, des Assurances ouvrières ; de chaque Etat relèvent les services qui lui sont restés propres: justice, administration intérieure, finances, etc. Il se trouve y avoir ainsi deux sortes de fonctionnaires en Allemagne : le fonctionnaire d'Empire et le fonctionnaire d'Etat. Le premier est régi par les lois fédérales, le second par les lois du pays auquel il appartient.

La législation du service civil en Allemagne est donc très complexe. Il y a autant de législations différentes que d'Etats, plus la législation d'Empire. Heureusement elles reposent toutes à peu près sur les mêmes principes. Il suffira donc, pour donner une idée de ces principes, de reproduire ici les articles essentiels de deux lois : la loi sur la nomination des fonctionnaires supérieurs de l'administration en Prusse et la loi sur la condition juridique des fonctionnaires de l'Empire. La première montrera à quelles conditions a lieu l'accès de la fonction, la seconde montrera quels sont les droits juridiques du fonctionnaire sur sa fonction une fois qu'il en a été régulièrement investi. Elles s'inspirent de ces deux articles du Droit commun prussien (Allgemeines Landrecht), qui date de 1794, et dont un titre est consacré aux droits et devoirs des fonctionnaires :

ART. 70. — Aucune personne ne peut être nommée à un emploi si elle ne possède les titres requis et si elle ne fait les preuves de sa capacité.

ART. 98. — Aucun supérieur ne peut congédier de lui-même (einseitig) un employé de l'Etat (2).

(1) Cf. deux recueils contenant les textes des lois, réglements, instructions applicables aux fonctionnaires du royaume de Prusse et à ceux de l'Empire. L'un s'appelle *der Staatsbeamte* (le fonctionnaire d'Etat), l'autre *der Reichsbeamte* (le fonctionnaire d'Empire); ils ont été édités à Berlin, par la rédaction du *Bulletin des lois*, chez Bruer, 1891).

(2) *Preussische Beamten Gesetz gebung* (lois sur les fonctionnaires prussiens, Berlin, chez Guttenberg, 1882), page 4.

Voici la traduction de la loi prussienne (1) :

LOI SUR L'APTITUDE AUX FONCTIONS SUPÉRIEURES DE L'ADMINISTRATION (11 MARS 1879 (2)

ARTICLE PREMIER. — La justification de la capacité au service supérieur dans l'administration comporte trois années au moins d'études dans les Universités de droit et de sciences politiques et deux examens.

ART. 2. — Le premier examen est celui exigé des candidats à la magistrature et aux fonctions judiciaires par la loi du 6 mai 1869. Le second, dit grand examen d'Etat, se passe devant la « Commission d'examen des fonctionnaires supérieurs de l'administration ».

ART. 3. — Pour pouvoir se présenter au second examen il faut avoir accompli un stage probatoire d'au moins deux ans auprès des autorités judiciaires et d'au moins deux ans auprès des autorités administratives (3).

ART. 4. — Le candidat qui justifie avoir accompli le stage judiciaire et veut bifurquer vers l'administration est nommé référendaire de régence par le Président de régence (1) dans le district duquel il veut faire son stage administratif.

(1) Der Staats beamte, page 90.

(2) Un principe essentiel règle l'organisation des services publics en Prusse et d'ailleurs dans toute l'Allemagne, c'est que le personnel dirigeant des services publics se recrute non dans le personnel subalterne, mais par des épreuves spéciales. « Les fonctions, dit un ouvrage allemand (*Handbuch der Verwaltung*, manuel d'administration, par von Grais, chez Springer, à Berlin, 1907), se divisent : en inférieures qui ne comportent qu'un travail purement matériel et se recrutent parmi les anciens militaires, — subalternes, pour lesquelles est seulement nécessaire une préparation pratique, — supérieures, qui exigent une préparation scientifique. » Les fonctionnaires subalternes se recrutent dans les établissements d'enseignement secondaire, les fonctionnaires supérieurs dans les Universités.

Les fonctions supérieures administratives (der höhere Verwaltungsdienst) englobent toutes les fonctions correspondant aux fonctions exercées en France par les préfets, sous-préfets, conseillers et chefs de divisions de préfecture, par les directeurs et inspecteurs départementaux de l'enregistrement, des contributions, des douanes, par les agents supérieurs du trésor, par le haut personnel de la police et de la sûreté, par les directeurs, chefs de division et de bureau dans les ministères, par les inspecteurs des finances, des services administratifs, par le Conseil d'Etat, la Cour des Comptes, etc. Tous les fonctionnaires analogues ne forment en Prusse qu'un seul et même corps, se recrutent à la même source et sont constitués en une seule hiérarchie.

(3) Une loi du 10 août 1906 a réduit à neuf mois le stage auprès des autorités judiciaires et a porté à trois années et quart celui auprès des autorités administratives (*Handbuch der Verwaltung*), déjà cité, page 81. toriale appelée Bezirk (district).

Art. 5. — Le référendaire de régence peut demander à travailler auprès du chef d'une municipalité et doit obligatoirement travailler successivement auprès d'un Landrath (2), d'un tribunal administratif de district et d'une régence.

Art. 6. — A l'expiration du temps de stage, si le référendaire produit un certificat du Président de régence, témoignant qu'il a profité suffisamment de ses travaux et qu'il est préparé à passer le second examen, il est admis à s'y présenter.

Art. 7. — Le second examen est oral et écrit ; il porte sur le droit public et privé en Prusse, spécialement sur le droit constitutionnel et administratif, ainsi que sur les sciences sociales et financières.

Cet examen doit surtout avoir pour objet de faire ressortir si le candidat est foncièrement en mesure d'occuper avec distinction, dans le service supérieur de l'administration, une place où il ne pourrait compter que sur lui-même (eine selbständige Stellung).

Art. 8. — Le référendaire qui a subi l'examen avec succès est nommé assesseur de régence par les ministres de l'Intérieur et des Finances et possède la qualification nécessaire pour occuper une place dans l'administration supérieure.

Art. 9. — Les dispositions de cette loi trouvent leur application dans la nomination aux emplois :

1° De chef de division dans les bureaux d'une régence et de membre du collège d'une régence ainsi que d'employé supérieur auprès des présidents de province (3) et des présidents de régence, à l'exception des employés des services techniques: (forêts, enseignements, travaux et médecine).

2° De ceux des membres des tribunaux administratifs pour lesquels la capacité au service supérieur de l'administration est exigée.

Art. 10. — Pour être nommé à une place de membre d'une direction provinciale d'impôts, est requise l'aptitude aux fonctions supérieures de l'administration, ainsi qu'un stage pratique dans l'administration fiscale dont les conditions seront fixées par le ministre des Finances.

Art. 11 à 16. — Dispositions transitoires.

Art. 17. — Est abrogé le règlement du 14 février 1846 sur la capacité aux emplois supérieurs de l'administration (4).

(1) La régence est le collège administratif de la circonscription territoriale appelée bezirk (district).

(2) Fonctionnaire administrant le Kreis (cercle), subdivision de la régence.

(3) La province comprend plusieurs districts.

(4) L'application de cette loi a fait l'objet d'un long règlement (regulativ) du 30 novembre 1883, qui organise minutieusement les conditions du stage et des examens (Der Straatsbeamte, page 96).

Voici maintenant les extraits de la loi sur les fonctionaires de l'Empire :

LOI SUR L'ÉTAT JURIDIQUE (DIE RECHTSVERHÄLTNISSE) DES FONCTIONNAIRES DE L'EMPIRE D'ALLEMAGNE (31 MARS 1873) (1)

Dispositions générales.

ART. 2. — Toutes les fois que les fonctionnaires ne sont pas institués sous condition expresse de révocabilité, ils sont institués à vie.

ART. 16. — Aucun fonctionnaire ne peut, sans la permission préalable de l'administration supérieure, cumuler sa place avec une autre fonction ou occupation accessoire donnant droit à une rémunération, ni avec l'exercice d'une industrie. Cette permission est nécessaire pour qu'un fonctionnaire puisse devenir directeur, membre du Conseil d'administration ou de surveillance d'une Société industrielle ou commerciale. Elle ne peut être accordée si une rémunération quelconque, directe ou indirecte, est attachée à ces fonctions. L'autorisation accordée est toujours révocable. Les règles qui précèdent ne s'appliquent pas aux fonctionnaires en disponibilité.

Déplacement.

ART. 23. — Tout fonctionnaire impérial est tenu, si la nécessité du service l'exige, d'accepter sa nomination à d'autres fonctions, quand elle n'entraîne ni diminution de rang ni diminution de traitement ; les frais de déplacement lui sont remboursés au taux réglementaire.

Mise en disponibilité

ART. 24. — Tout fonctionnaire peut être provisoirement mis en lisponibilité, en cas de réforme opérée dans la constitution des services et amenant la suppression de son emploi ; il lui est alloué la solde de non-activité que la loi détermine.

ART. 25. — En dehors du cas mentionné à l'article 24, les fonctionnaires suivants peuvent toujours être mis en disponibilité par décision impériale, avec allocation de la solde légale de non-activité : le chancelier de l'Empire, les secrétaires d'Etat, les directeurs dans les ministères, les conseillers rapporteurs au ministère des Affaires étrangères, les intendants de l'armée et de la marine, les agents diplomatiques, les consuls et gouverneurs des colonies.

Mise à la retraite.

ART. 34. — Tout fonctionnaire peut recevoir une pension viagère,

(1) Der Reichsbeamte, page 392. Cette loi, qui compte 159 articles, est divisée en plusieurs titres : dispositions générales, mise en disponibilité, pensions, mise à la retraite d'office, action disciplinaire, mesures à prendre contre les fonctionnaires se trouvant en débet vis-à-vis du Trésor, droit des fonctionnaires pour la reconnaissance de leurs droits pécuniaires. On ne trouvera ici que les articles intéressant particulièrement le déplacement, la mise en disponibilité ou à la retraite et l'action disciplinaire.

quand, après dix ans de service au moins, une lésion physique ou l'affaiblissement de ses forces physiques ou intellectuelles le rend incapable de continuer ses fonctions et le contraint à se retirer du service (1).

Art. 36. — Quand l'incapacité de service est la conséquence d'une maladie, d'une blessure, ou d'un autre dommage qui est survenu à l'employé dans le service ou à l'occasion de ses fonctions, et sans faute de sa part, le droit à la pension est acquis, alors même que le service a duré moins de dix ans.

Art. 39. — Si un fonctionnaire devient incapable de service en dehors du cas mentionné à l'article 36 avant d'avoir dix ans de service accomplis, et s'il est pour ce motif mis en non-activité, il lui peut être accordé, en cas de nécessité, une pension pour un temps déterminé ou une pension viagère.

Art. 61. — Les fonctionnaires de l'Empire qui sont devenus incapables de remplir les devoirs de leur charge par suite de cécité, surdité ou autre infirmité physique, ou à cause de faiblesse de leurs facultés physiques ou intellectuelles, sont mis en retraite.

Art. 62. — Quand, en pareil cas, le fonctionnaire ne demande pas sa mise en retraite, ses supérieurs hiérarchiques font savoir, soit à lui, soit à un curateur spécial qui lui est nommé, que sa mise à la retraite est nécessaire. On lui notifie en même temps pour quelle cause et quel est le chiffre de la pension.

Art. 63. — Au bout de six semaines, si le fonctionnaire ne réclame pas contre la communication qui lui est ainsi faite, on procède de la même manière que s'il avait lui-même demandé sa retraite.

Art. 64-66. — Lorsque le fonctionnaire fait des objections à sa mise à la retraite, il est procédé à une enquête, devant un greffier assermenté; la décision est prise par l'Empereur d'accord avec le Conseil fédéral.

Art. 68. — Lorsqu'un fonctionnaire tombe en état d'incapacité de service avant d'avoir le temps de service nécessaire pour avoir droit à pension, il ne peut être mis à la retraite contre sa volonté que dans les formes prescrites pour la mise à la retraite par mesure disciplinaire.

Action disciplinaire.

Art. 72. — Tout fonctionnaire de l'Empire qui manque aux devoirs de sa charge commet une infraction à la discipline et encourt une peine disciplinaire.

Art. 73. — Les peines disciplinaires sont :

1° Les peines simples ;

2° La révocation de l'emploi.

(1) A noter que les pensions sont servies gratuitement, c'est-à-dire qu'il n'est pas fait de retenues sur le traitement des fonctionnaires (lois des 5 et 28 mars 1888).

Art. 74. — Les peines simples sont:

1° L'avertissement;

2° La réprimande;

3° L'amende.

Le maximum de l'amende pour les fonctionnaires appointés est le montant du traitement mensuel; pour ceux qui n'ont pas de traitement, ce maximum est fixé à 30 thalers.

L'amende peut-être cumulée avec la réprimande.

Art. 75. — La révocation de fonction peut consister:

1° Dans le déplacement par mesure disciplinaire.

Cette peine consiste dans l'envoi du fonctionnaire à une autre charge du même rang, mais avec diminution d'un cinquième au plus dans le traitement. Au lieu de la diminution du traitement, une amende pécuniaire peut être prononcée, mais elle ne doit pas dépasser le tiers du revenu professionnel d'une année.

2° Dans la destitution, qui entraîne la perte du titre et du droit à la pension.

Art. 82. — Avant d'infliger une peine disciplinaire simple, on doit donner au fonctionnaire l'occasion de s'expliquer au sujet de la faute professionnelle qui lui est reprochée.

Les peines disciplinaires simples sont prononcées avec l'indication des motifs, par décision écrite au procès-verbal.

Art. 83. — La plainte par la voie hiérarchique est seule admise en matière de peines simples.

Art. 84. — Le prononcé de la révocation doit être précédé d'une procédure disciplinaire en due forme, qui comprend une enquête préliminaire écrite et un débat oral.

Art. 86. — Les autorités disciplinaires chargées de prononcer la sentence sont :

1° En première instance les Chambres de discipline;

2° En deuxième instance la Cour de discipline.

Art. 87. — Il est institué une Chambre de discipline à... (suit l'énumération de 27 villes).

La Cour se réunit au siège du Tribunal de l'Empire (1).

Art. 89. — Chaque Chambre de discipline est composée de sept membres; le président et au moins trois autres membres doivent appartenir à la magistrature.

Art. 91. — La Cour de discipline se compose de onze membres; au moins quatre d'entre eux doivent être des plénipotentiaires du Conseil fédéral; le président et cinq des autres membres au moins doivent être des membres du tribunal suprême de l'Empire.

Art. 95. — Il est dressé procès-verbal, par un greffier assermenté, des actes de l'enquête.

Art. 101. — L'accusé peut se faire assister d'un avocat ou d'un

(1) Le Tribunal de l'Empire joue le rôle de notre Cour de Cassation; il siège à Leipzig.

avocat-avoué, auquel communication doit être accordée des actes
de l'enquête préliminaire.

Art. 103. — Le débat oral est public.

Le huis-clos peut être prononcé, soit par décision de la Chambre
de discipline, soit sur la demande de l'accusé ou du fonctionnaire
qui représente le ministère public.

Art. 106. — L'audition des témoins a lieu pendant le débat oral,
soit sur la citation du ministère public, soit sur celle de l'accusé. Elle
porte sur les points qui paraissent importants à fixer.

Art. 108. — La Chambre de discipline prononce le jugement d'après
sa libre conviction, formée par la substance des débats et des preuves, sans être liée à un système de preuves légales. Le jugement
peut porter une peine disciplinaire simple.

Art. 110. — L'appel devant la Cour de discipline est ouvert contre la décision de la Chambre de discipline, aussi bien au fonctionnaire qui représente le ministère public qu'à l'accusé.

Art. 118. — L'Empereur a le droit de lever ou d'adoucir les peines
prononcées par les autorités disciplinaires

Suspension.

Art. 127. — La suspension peut être prononcée par l'autorité contre un fonctionnaire devenu l'objet d'une procédure disciplinaire ou
judiciaire.

Art. 130. — Si le fonctionnaire est acquitté, on lui restitue inté-
gralement son traitement.

Telles sont les deux lois qui permettent le mieux d'apprécier les
idées allemandes en matière d'accès et de révocation des fonctions
publiques. Quant à l'avancement, dont on s'étonnera peut-être que
je n'aie pas encore parlé, voici comment il est réglé.

On distingue en Prusse et dans l'Empire deux sortes d'avancement : l'augmentation de traitement dans le même emploi et les
promotions à un emploi supérieur.

L'augmentation de traitement a lieu automatiquement, tous les
trois ans, dans la limite d'un maximum fixé pour chaque emploi,
et sauf démérite (1).

Pour les promotions en grade qui constituent l'avancement
proprement dit, aucune règle de droit, mais simplement cette
règle de fait contenue dans les instructions des ministres « qu'à
égalité de mérite, l'ancienneté constitue toujours un motif de
préférence ». Dans la pratique, les promotions ont lieu cons-

(1) On trouvera les règles de cette organisation dans un fascicule intitulé « *die Beamtenbesoldungstitel* » (les traitements des fonctionnaires),
publié par Lorenz chez Nahmmacher, à Berlin, 1906, pages 6 et suivantes.

tamment à l'ancienneté, sous le correctif que l'autorité met à la retraite proportionnelle les fonctionnaires incapables et que, pour la répartition des postes entre fonctionnaires du même rang, elle tient naturellement compte de la diversité de leurs aptitudes. Il est en outre admis que, pour les emplois les plus élevés de la hiérarchie, l'ancienneté cesse d'être prise en considération avec la même rigueur.

La sécheresse des textes ne donne qu'une idée incomplète de la manière remarquable dont est organisé le service public en Allemagne. Faute de pouvoir les commenter ici, je me contenterai de citer une appréciation qui, malgré ou plutôt à cause de sa date, déjà bien éloignée, est caractéristique.

En 1843 Laboulaye, de retour de ce pays où le gouvernement l'avait envoyé étudier le recrutement des fonctions publiques, écrivait : « Si on cherche le secret de la puissance de la Prusse, on voit que ses deux suprêmes ressorts sont les Universités d'une part, l'Administration de l'autre (1) ». Les événements ne paraissent pas avoir démenti ce jugement.

ITALIE (2)

Le 6 juin 1903, MM. Zanardelli, président du Conseil, et Giolitti, ministre de l'Intérieur, ont déposé un projet de loi intitulé : projet de loi « sullo Stato degl'impiegati civili » (sur l'état des fonctionnaires civils). Littéralement le mot impiegato signifie employé ; cependant d'après l'exposé même des motifs du projet de loi, il est admis que l'expression « impiegato pubblico » ou « civile » s'entend de quiconque fait du service de l'État l'objet permanent de son activité professionnelle et reçoit en échange un traitement; il correspond au mot allemand « Beamte » qui s'emploie aussi bien pour désigner un fonctionnaire proprement dit, dépositaire de l'autorité publique, ou tout autre serviteur de l'État. Le projet s'applique donc à l'ensemble des fonctionnaires civils, sous une réserve indiquée *in fine*.

Ce projet est d'ailleurs loin d'être le premier du genre. Son exposé des motifs rappelle que l'idée de régler par une loi spéciale et organique le statut des fonctionnai.re.s est une de celles qui sont le plus en faveur en Italie. Dès 1863, le Parlement manifesta l'intention de soustraire l'organisation du personnel des services publics à l'arbitraire du Pouvoir exécutif et invita le gouvernement, par

(1) *De l'enseignement et du noviciat administratifs en Allemagne*, Revue de législation et de jurisprudence, 1843.

(2) Le projet de loi reproduit ici se trouve dans le recueil des documents parlementaires (*atti parlementari*) du Sénat italien (2e session 1902-1903, n° 217).

une motion, à présenter un projet de loi sur la matière. Mais les événements de 1866 ne permirent pas à ce premier effort d'aboutir. Le Parlement, absorbé par d'autres préoccupations, se contenta d'imposer au gouvernement, par une loi du 28 juin, l'obligation de soumettre à l'approbation législative les décrets touchant à l'organisation du personnel dans les administrations de l'État. Ce régime était inapplicable. On ne pouvait songer à déranger le Parlement chaque fois qu'intervenait un décret de cette nature, à le saisir de questions d'espèce. En fait l'approbation du Parlement ne fut jamais demandée. Le seul moyen de régulariser cette situation en somme illégale était d'obtenir du Parlement le vote d'une loi de principe. Tel fut l'objet des projets successivement déposés depuis 1870 par les ministres Lanza, Depretis, Crispi, Nicotera et Pelloux. La plupart de ces projets ont été rapportés, discutés et même votés tantôt par la Chambre, tantôt par le Sénat, sans que jamais, par suite de la fréquence des crises ministérielles, l'accord entre les deux Chambres ait pu se manifester dans le cours de l'existence d'un même cabinet. Ce n'est pas qu'en France que la navette entre les deux Chambres fait avorter les réformes les plus utiles.

Voici quelques passages de l'exposé des motifs et les articles essentiels du projet ; l'intérêt de ces documents n'échappera à personne.

Exposé des Motifs.

La question de savoir si l'administration doit être confiée à des fonctionnaires professionnels, permanents, rétribués, relevant hiérarchiquement d'un ministre responsable, ou à des citoyens non rétribués recevant directement leurs pouvoirs de la loi, n'offre plus qu'un intérêt académique..La première forme prévaut aujourd'hui dans tous les États, même dans l'Angleterre, la patrie du self-government.....

Une fausse conception de l'administration organisée sur le mode hiérarchique veut que, pour donner au pouvoir exécutif son maximum de force, on fasse du fonctionnaire un instrument passif, à tel point soumis à l'autorité suprême qu'il en dépende à chaque pas de sa carrière, dans tout ce qu'il peut espérer et dans tout ce qu'il peut craindre.

On ne s'aperçoit pas que, cette prétention fût-elle juste en théorie, elle est inadmissible dans la pratique, puisque les ministres sont dans l'impossibilité absolue d'apprécier les milliers de fonctionnaires, si loin et si ignorés d'eux, qui leur sont subordonnés.

Elle conduit d'ailleurs à faire de l'administration une sorte d'engrenage où chaque fonctionnaire, renonçant à toute initiative cons-

ciente, devient un être irresponsable..... Non, de même que dans
les limites de sa compétence, le fonctionnaire doit conserver la liberté de son jugement et de sa décision, de même le droit de ses
supérieurs sur lui doit découler non pas seulement de leur seule
volonté, mais de raisons objectives de légitimité et de justice. Nous
affirmons que les fonctionnaires ne peuvent donner le plein des
qualités d'intégrité, d'activité et d'intelligence nécessaires dans
leurs fonctions, que s'ils sont défendus contre toute possibilité d'arbitraire, de favoritisme et d'injustice.....

Une juste et impartiale observation de l'histoire contemporaine
italienne monte que, contrairement à ce que pourraient faire croire
certaines critiques passionnées du régime parlementaire, le sentiment
du danger que présente l'arbitraire ministériel s'est manifesté très
vif chez ceux-là précisément qui étaient investis du pouvoir discré-
tionnaire, c'est-à-dire chez les ministres eux-mêmes, comme en té-
moignent les règlements de plus en plus étroits qui sont venus
régler les conditions de nomination, de promotions, et l'action disciplinaire (1).....

Mais il est évident que ces règlements, émanés du pouvoir exécutif lui-même, gardent un caractère d'absolutisme, et que d'autre
part la facilité avec laquelle ils peuvent être modifiés a créé dans
cette partie de notre législation un état d'instabilité qui pourrait
être appelé de la confusion. On est donc amené à penser qu'une
loi est absolument nécessaire pour consolider les progrès déjà acquis et donner au statut des fonctionnaires l'uniformité nécessaire.....

Il serait d'ailleurs absolument oiseux d'examiner ici la question,
si discutée par les théoriciens de droit public, de savoir quelle est
au juste la nature du rapport juridique qui unit l'Etat et le fonctionnaire. Les partisans de la théorie contractuelle ne peuvent nier
que, même s'il y a contrat, ce contrat n'en intéresse pas moins
l'ordre public et que par conséquent il faut déterminer les droits
et devoirs propres à l'individu chargé de l'exécution d'un service
public. De même les auteurs qui ne voient entre l'Etat et le fonctionnaire qu'un rapport de puissance à sujet ne peuvent nier la
nécessité de reconnaître au citoyen, qui entre librement au service
public une sphère de droits et de devoirs qui non seulement peuvent mais doivent être déterminés par la loi. La question ne se
pose donc pas de savoir si le présent sujet est du ressort de la loi,
mais seulement de déterminer quelle doit être la loi à faire, et
c'est précisément le but du présent projet. Nous allons dire ra-
pidement comment nous l'avons compris.

Nous n'avons pas cru devoir définir le terme de fonctionnaire ci-

(1) On trouve ces règlements analysés dans « l'*Amministrazione pubblica
in Italia* », ouvrage publié en 1893 chez Barbard, à Florence, par del
Guerra.

vil (*impiegato civile*). D'ordinaire il s'applique à toute personne
qui fait du service de l'Etat le but permanent de son activité professionnelle en échange d'un traitement en rapport avec son emploi,
son ancienneté, etc. L'usage permet, en général, de reconnaître fa-
cilement quand ces éléments sont réunis. Une définition législative
du fonctionnaire serait donc inutile ; s'il se présente des cas dou-
teux que les infinies combinaisons de fait peuvent faire naître, la
jurisprudence y pourvoira.

Pour les mêmes raisons, nous nous sommes abstenus de définir
des termes administratifs que l'usage rend parfaitement clairs,
par exemple ceux qui servent à distinguer les emplois en trois catégories : conduite des affaires (di concetto), comptabilité (di ragio-
neria), travaux de copie, de classement et de conservation des pièces (d'ordine), ou encore les grades fondamentaux et typiques de
l'administration, comme ceux de directeur, chef de division et de
section, etc.

. . . .

Il n'est pas question dans notre projet de la responsabilité des
fonctionnaires. Le titre des punitions disciplinaires apporte précisément des sanctions aux manquements des fonctionnaires aux
devoirs de leur charge ; ces sanctions sont complétées par le Code
pénal pour certains cas, et par des textes spéciaux, notamment les
règles de la comptabilité, en ce qui concerne leur responsabilité civile vis-à-vis de l'Etat. Reste la question de la responsabilité civile
envers des tiers, matière ardue qui occupe tant d'éminents juristes,
mais que la jurisprudence a jusqu'ici suffi à résoudre, non à la
vérité sans de grandes difficultés, mais qui tiennent bien plus à
la nature intrinsèque de la question qu'au défaut de textes légis-
latifs.

TITRE PREMIER. — DISPOSITIONS GÉNÉRALES.

ART. 2. — Les fonctionnaires civils se divisent en trois catégories:
catégorie de la conduite des affaires, catégorie de la comptabilité,
catégories des services d'ordre.

Dans les administrations centrales les grades et les traitements
sont uniformes.

ART. 3. — Nul ne peut être admis dans une catégorie s'il ne possède les certificats d'instruction et s'il n'a subi les épreuves réglementaires. Dans les grades inférieurs à celui de Directeur ou assimilé, les changements de corps ne peuvent avoir lieu qu'en cas de
réduction des cadres et seulement entre mêmes catégories. Les fonctionnaires du grade de Directeur ou assimilé peuvent être, pour raisons de service, appelés à passer d'un corps dans un autre par délibération du Conseil des ministres.

ART. 8. — Il est établi une assimilation entre les grades de chaque administration centrale et ceux des services extérieurs dépendants de cette administration.

Art. 10. — La qualité de fonctionnaire est incompatible avec l'exercice d'une profession industrielle ou commerciale, ou des fonctions dans l'administration d'une société constituée en vue de bénéfices, excepté les coopératives, ou toute occupation ne pouvant se concilier avec les obligations ou la dignité de la fonction.

TITRE II. — Admission, promotions, changements de résidence.

Art. 14. — [A moins qu'il n'en soit ordonné autrement par des lois spéciales, nul ne peut être nommé fonctionnaire civil qu'à la suite d'un concours ouvert pour un certain nombre de places vacantes.

Art. 17. — Chaque année tout fonctionnaire est noté sur sa conduite, son zèle et ses aptitudes. Les notes concernant la conduite et le zèle doivent être communiquées à l'intéressé qui y joint toutes justifications qu'il juge utile.

Art. 18. — Près de chaque ministre ou direction générale est institué un Conseil d'Administration du personnel composé du sous-secrétaire d'Etat, d'un conseiller d'Etat et d'un conseiller à la Cour de Cassation élus par leurs collègues, d'un certain nombre de fonctionnaires du grade le plus élevé, sans que le nombre des membres puisse excéder neuf.

Art. 20. — Les promotions en grade ont lieu au mérite, celles en classe dans chaque grade à l'ancienneté.

Art. 21. — Les promotions au deuxième et au troisième grade (le premier étant le grade de début) ont lieu pour un tiers au concours, pour les deux autres tiers à l'ancienneté, mais seulement après justification de l'aptitude par un examen. Ne peuvent se présenter à ces épreuves les fonctionnaires qui n'ont pas fait preuve de conduite et de zèle, mais sous réserve qu'en cas de recours de l'intéressé, la mesure prise contre lui doit être confirmée par une décision unanime du Conseil d'administration.

Art. 24. — Les promotions aux autres grades ont lieu sur la proposition conforme du Conseil d'administration, parmi les fonctionnaires du grade et de la classe immédiatement inférieure s'il s'agit de fonctions inférieures à celles de chef de division ou assimilées, et sans tenir compte de la classe pour les autres fonctions inférieures à celle de Directeur ou assimilées. Les fonctions de Directeur sont pourvues en Conseil des ministres, sans regarder à la classe. En cas de graves exigences de service, des personnes étrangères au service public peuvent être nommées à ces dernières fonctions.

Art 25. — L'ancienneté, pour les promotions en classe, n'est un droit qu'autant qu'elle est jointe à de bons services. La privation de ce droit peut donner lieu de la part de l'intéressé à un recours jugé comme il est dit à l'article 21.

Art. 29. — Les fonctionnaires ne peuvent, sauf le cas de promotion, être changés de résidence que sur leur demande, par mesure disciplinaire ou pour de graves exigences de service, dans ce dernier cas après avis du Conseil d'administration. Cette disposition ne s'applique pas aux Directeurs ou assimilés, aux fonctionnaires de l'administration préfectorale et de la sûreté, qui peuvent être déplacés par le Conseil des Ministres.

Le passage d'une administration centrale dans un service provincial en dépendent ou *vice versa* ne peut avoir lieu qu'à égalité de grade, de fonction et de traitement.

TITRE IV. — MISE EN EXPECTATIVE (ASPETTATIVA) ET EN DISPONIBILITÉ (1).

Art. 35. — Le fonctionnaire peut être mis dans la situation d'expectative pour cause d'infirmité démontrée ou pour des raisons de famille.

Art. 39. — Sauf les fonctionnaires des corps préfectoral et diplomatique, et ceux de la sûreté, les fonctionnaires ne peuvent être mis en disponibilité que par suppression d'emploi.

TITRE V. — DÉMISSION, LICENCIEMENT ET MISE A LA RETRAITE.

Art. 45. — Peut être licencié le fonctionnaire qui est reconnu inhabile à accomplir les devoirs de sa charge. Cette mesure est prise par une délibération du Conseil de discipline approuvée par le Conseil des ministres.

Art. 47. — La mise à la retraite d'office est prononcée dans les mêmes formes.

TITRE VI. — CONSEILS DE DISCIPLINE.

Art. 50. — Près la Présidence du Conseil des Ministres est institué un Conseil supérieur de discipline pour les fonctionnaires d'un grade égal à celui de Directeur; il est composé d'un président de section du Conseil d'Etat, d'un conseiller à la Cour des Comptes, de deux conseillers de la Cour de Cassation de Rome (2), élus par leurs collègues, et d'un Directeur appartenant à la même administration que l'inculpé.

Art. 51. — Près chaque ministère est institué un Conseil de dis-

(1) L'expectative et la disponibilité sont des situations identiques dans leurs conséquences, mais la première est due à des raisons venant du fonctionnaire et la seconde à des raisons venant du service. Cf. « *L'impiego nelle pubblici amministrazioni* », du prof. Pacinotti, Torino, Unione editrice Torinense, pages 306 et suivantes.

(2) Il y a en Italie quatre autres Cours de Cassation à Florence, Naples, Palerme et Turin.

cipline pour tous les fonctionnaires d'un grade inférieur à celui de Directeur. Il est composé d'un conseiller d'Etat, d'un conseiller de la cour d'appel de Rome et du chef de la division du personnel.

Art. 53. — L'inculpé prend connaissance de toutes les pièces du dossier, peut citer des témoins, se défendre ou se faire défendre.

TITRE VII. — Les peines.

Art. 55. — Les peines sont la censure, la suspension, la révocation, la destitution.

Art. 56. — La censure peut être infligée pour négligence, absence injustifiée, acceptation de cadeaux, conduite irrégulière.

Art. 57. — Le fonctionnaire censuré peut se pourvoir par la voie hiérarchique devant le ministre si la peine est prononcée par un chef d'administration et, si elle est prononcée par le ministre, devant le gouvernement du roi, qui prononce après avis du Conseil de discipline. Les justifications du fonctionnaire doivent toujours rester jointes à son dossier.

Art. 58. — La suspension entraîne la perte du traitement dans les limites de la moitié aux deux tiers, mais n'exonère pas du service; le temps de la suspension ne compte pas pour l'ancienneté; le fonctionnaire suspendu ne peut se présenter aux examens de promotion. La suspension peut durer de un jour à six mois.

Art. 59-60. — La suspension peut être prononcée pour récidive dans les fautes entraînant la censure, pour absence prolongée, pour insubordination, pour dommages causés à l'Etat ou aux particuliers dans leurs rapports avec l'Etat, pour violation du secret professionnel s'il ne produit pas de conséquences graves.

Art. 61. — La suspension pour un temps inférieur à deux mois est prononcée par décret ministériel, sauf recours de l'intéressé au gouvernement du roi qui prononce après avis du conseil de discipline; pour un temps plus long elle ne peut être prononcée que pour malversations ou violation dolosive du secret professionnel sur avis conforme du Conseil de discipline.

Art. 62. — Doit être suspendu et exonéré du service le fonctionnaire contre lequel est décerné un mandat d'amener pour délit.

Art. 66. — La révocation est encourue pour récidive dans les faits entraînant les peines moindres, graves abus d'autorité ou de confiance, violation grave du secret professionnel, manquement à l'honneur entraînant un grave scandale dans le lieu de la résidence du fonctionnaire, offenses publiques à la famille royale ou aux Chambres, manifestation publique d'opinions contraires à l'unité de la patrie ou à la monarchie constitutionnelle.

Art. 68. — La destitution avec perte de droit à la pension s'encourt pour malversations ou violation dolosive du secret professionnel.

Art. 69. — La destitution s'encourt aussi pour condamnation de droit commun pour des faits constituant manquement à l'honneur.

Art. 65 et 70. — La révocation et la destitution sont prononcées par décret ministériel ou royal sur avis conforme du Conseil de discipline.

Art. 71. — Les délibérations du Conseil de discipline et les décrets comportant punition disciplinaire doivent être motivées.

TITRE VIII. — Dispositions finales et transitoires.

Art. 74. — La présente loi ne s'applique aux membres du corps judiciaire, du Conseil d'Etat et de la Cour des comptes, du corps enseignant et du génie civil que dans ses titres IV à VII, et seulement en tant qu'ils contiennent des garanties supérieures à celles que ces corps possèdent actuellement (1).

Art. 76. — Des règlements spéciaux à chaque service détermineront dans quelle mesure les dispositions de la présente loi seront applicables au personnel « di basso servizio (2) ».

Art. 77. — Les règlements organiques de chaque carrière devront être mis d'accord avec la présente loi dans un délai de six mois.

BELGIQUE

Deux propositions de loi tendant à régler le statut des fonctionnaires ont été déposées en Belgique. Elles datent toutes deux de 1894 et émanaient l'une du parti libéral, l'autre du parti ouvrier.

I

La première (3) eut pour auteur M. Bergé, professeur à l'Université de Bruxelles ; elle était également signée d'autres membres du parti libéral, notamment de M. Janson. Elle est fort étendue, puisqu'elle comprend 116 articles ; elle ne règle pas en effet seulement avec détail les conditions du recrutement, de l'avancement

(1) Les titres I à IV ne sont pas applicables à ces corps parce qu'ils tiennent déjà leur organisation d'autres lois.

(2) L'expression « basso servizio » s'applique à tous les emplois qui n'exigent qu'une activité purement matérielle et pas de connaissances spéciales et qui, comme en France et en Allemagne, se recrutent parmi les anciens militaires.

(3) Voir les *Annales de la Chambre des représentants*, session 1893-1894, deuxième volume, page 1459 pour l'exposé des motifs et page 1488 pour le texte.

et de la discipline, mais aussi l'ensemble des droits et devoirs des fonctionnaires, les traitements, les congés, le cas de maladie, la responsabilité de l'Etat en cas d'accident de travail, les retraites. Elle s'applique non pas seulement aux fonctionnaires proprement dits, mais aussi aux ouvriers immatriculés dans un service public qui sont d'autant plus nombreux en Belgique que la plupart des chemins de fer y sont aux mains de l'Etat. Certaines dispositions sont communes aux fonctionnaires et aux ouvriers, d'autres sont spéciales aux ouvriers. Par contre, elle ne s'applique pas aux ministres, aux gouverneurs de provinces et commissaires d'arrondissements (nos préfets et nos sous-préfets), au personnel diplomatique et consulaire, au personnel judicaire.

Voici quelques passages de l'exposé des motifs et les articles essentiels de la proposition :

Depuis longtemps déjà, l'opinion publique s'est préoccupée de la situation des fonctionnaires de l'Etat. En Belgique, l'arbitraire le plus grand règne encore en cette matière ....

L'avenir des fonctionnaires dépend du bon plaisir de leurs chefs : la feuille de signalement secrète, et sur laquelle peuvent s'accumuler à l'envi les erreurs et les calomnies, arrête souvent leur avancement et retarde l'augmentation de leur traitement ....

En matière disciplinaire, il n'y a aucune règle fixe : le ministre peut, quand bon lui semble et pour les motifs qu'il lui plaît d'invoquer, briser la carrière d'un fonctionnaire, le frapper par une sentence sans appel dans son honneur et dans sa fortune ! On essayerait vainement de justifier ce pouvoir exorbitant par la responsabilité du ministère vis-à-vis des Chambres. Au milieu des importants débats de la politique générale, ces questions de détail et de personnes sont fatalement sacrifiées aux intérêts de parti ! ....

Les fonctionnaires de l'Etat sont d'ailleurs les seuls en Belgique dont la situation soit aussi déplorable. Les fonctionnaires des administrations privées sont protégés par les dispositions du Code civil.
....

Les dispositions du projet s'étendent à la fois aux fonctionnaires, aux employés et aux salariés, qu'il confond sous la dénomination générique de « fonctionnaires ».
....

L'une des questions les plus délicates à résoudre est bien certainement celle relative à la réglementation de l'avancement. Actuellement, le choix n'a d'autre base que l'appréciation des chefs hiérarchiques : tel employé se trouvant sous les ordres d'un chef complaisant peut obtenir de l'avancement au détriment de collègues chargés de fonctions identiques ou plus importantes, mais travaillant sous les ordres d'un chef exigeant et sévère. Le système du projet écarte ces inconvénients, sans tomber dans ceux de l'examen, en substituant, aux bases fragiles des feuilles de renseignements ou de signalement, des bases certaines dont le fonctionnaire peut fournir lui-même les éléments complémentaires ou contradictoires. Désormais, le ministre pourra juger sur pièces.

Si le mérite doit avoir une part prépondérante lorsqu'il s'agit de promotions, par contre, l'ancienneté doit régler les augmentations. Il est désirable que les fonctionnaires connaissent le traitement qu'ils peuvent espérer. Ils sauraient ainsi à quoi s'en tenir au point de vue de l'organisation de leur existence, ils pourraient se marier, élever convenablement leur famille, ils ne seraient pas exposés à se trouver dans un état voisin de la misère, ils ne seraient pas découragés, n'étant pas déçus dans leurs espérances..... Il est bien entendu qu'ils n'auront droit à une augmentation que s'ils accomplissent bien leur devoir.

. . . .

En ce qui concerne les peines disciplinaires, celles du changement d'emploi, de la privation d'une partie du traitement et de la révocation nous ont paru nécessiter plus de garanties: de là l'institution de juridictions disciplinaires spéciales . . . .

L'intervention d'un pouvoir disciplinaire spécial n'a, au surplus, rien d'anormal. Nous avons vu que, en ce qui concerne la révocation de fonctionnaires, l'intervention du pouvoir judiciaire était de règle en Belgique sous l'ancien régime; actuellement encore, les notaires, les avoués et les huissiers, qui sont des fonctionnaires, ont leur chambre de discipline.

. . . .

D'ailleurs le projet réserve à l'autorité administrative le droit de mettre des fonctionnaires de tout rang et de tout âge à la retraite, en sauvegardant les intérêts de ces fonctionnaires au point de vue de leurs droits à la pension.

. . . .

Notre projet est inspiré par un sentiment d'équité et de justice, il est conçu sans parti-pris et il s'adresse à tous ceux qui, sans distinction d'opinion politique, cherchent surtout la réalisation du bien dans l'organisation des services publics.

Proposition de loi
réglant la situation des fonctionnaires publics du royaume.

TITRE Ier. — DISPOSITIONS GÉNÉRALES.

Art. 1er. — Est fonctionnaire public, dans le sens de la présente loi, toute personne employée dans un service de l'Etat, en vertu d'une décision du Roi ou d'une autorité à laquelle le Roi a délégué son pouvoir.

Art. 2. — Les dispositions de la présente loi ne s'appliquent pas: 1° aux ministres; 2° aux gouverneurs des provinces; 3° aux commissaires d'arrondissement; 4° aux secrétaires attachés aux cabinets des ministres et pris en dehors de l'administration; 5° aux agents diplomatiques; 6° aux consuls; 7° au personnel des légations et des consulats; 8° aux fonctionnaires dont la situation est réglée par des lois spéciales.

TITRE II. — DE L'ADMISSION AUX EMPLOIS PUBLICS.

CHAPITRE Ier. — *Du droit de nomination.*

Art. 4. — Sauf réserve expresse dans l'acte de nomination, les fonctionnaires sont censés nommés à vie.

Art. 6. — Les emplois sont conférés à la suite de concours, sauf l'exception prévue à l'article 16.

Il ne peut être dérogé à cette règle qu'en ce qui concerne l'admission à certains emplois n'exigeant aucune espèce de connaissance scientifique, technique ou artistique. Dans ce cas, les candidats réunissant les conditions requises en vertu de l'article précédent doivent être appelés en suivant l'ordre de priorité des demandes.

Art. 16. — Le Roi, par arrêté motivé, peut dispenser du concours des personnes d'une haute culture scientifique, technique ou artistique ayant rendu à la science des services éminents ou s'étant illustrées dans leur art.

CHAPITRE IV. — *Du stage.*

Art. 17. — Les nominations définitives, soit qu'il s'agisse de fonctions conférées à la suite de concours, soit qu'il s'agisse d'emplois conférés sans examen préalable, sont subordonnées à un essai pratique ou stage d'un an, à la suite duquel le stagiaire est nommé définitivement ou licencié.

Art. 19. — Les rapports d'après lesquels sont jugés le résultat du stage doivent être communiqués à l'intéressé et visés par lui avant toute décision. Celui-ci peut rédiger une note rectificative ou complémentaire et la faire joindre au rapport.

TITRE III. — DU TRAITEMENT, DES INDEMNITÉS ET DES CAUTIONNEMENTS

TITRE IV. — DURÉE DU TRAVAIL QUOTIDIEN.

TITRE V. — DES CONGÉS, REPOS ET DISPENSES.

TITRE VI. — DU SERVICE MÉDICAL, DE LA RESPONSABILITÉ DE L'ETAT EN CAS D'ACCIDENT DE TRAVAIL.

Ces titres ne rentrent pas dans l'objet de cette étude et sont d'ailleurs plus particulièrement spéciaux, les titres **IV**, **V** et **VI** notamment, au personnel des exploitations industrielles de l'Etat.

TITRE VII. — DES MUTATIONS ET PROMOTIONS

ART. 50. — En cas de transfert, le fonctionnaire doit accepter d'être transféré si les besoins du service l'exigent, mais l'emploi nouveau doit être égal en rang et en revenu, et le fonctionnaire a droit à la bonification des frais de déplacement.

Les dispositions du présent article ne sont pas applicables lorsque le fonctionnaire est déplacé sur sa demande et pour convenances personnelles.

ART. 51. — Nul n'est promu à un grade supérieur avant d'avoir servi au moins deux ans comme titulaire dans le grade immédiatement inférieur.

Toutefois, il peut être dérogé à cette disposition s'il est impossible de pourvoir autrement aux emplois ou s'il s'agit de récompenser des services importants ou des capacités et un zèle extraordinaires.

Dans ce cas, quel que soit le grade de l'employé, sa nomination sera faite par arrêté royal motivé.

ART. 52. — Pour les fonctions auxquelles est attaché un traitement supérieur à 3.500 francs, les promotions sont conférées uniquement au choix.

Pour toutes les autres fonctions, les promotions sont conférées soit au choix, soit à l'ancienneté.

ART. 54. — L'avancement au choix se règle d'après le classement. Le classement s'établit d'après les rapports administratifs. L'original de ces rapports ou feuilles de signalement est conservé et tenu au courant à l'administration centrale; le chef de service, le chef immédiat et l'intéressé en reçoivent chacun une expédition. Ces propositions doivent être visées par les intéressés, qui ont le droit d'y faire joindre toutes les notes rectificatives ou complémentaires qu'ils jugent nécessaire de soumettre.

ART. 55. — La rétrogradation pour incapacité notoire ne peut être prononcée que pendant les deux années qui suivent la date de la nomination aux fonctions occupées.

Elle ne peut avoir lieu que de l'avis conforme des chefs hiérarchiques du fonctionnaire frappé et après avoir entendu celui-ci.

L'accomplissement de cette dernière formalité est constatée par un procès-verbal signé par l'intéressé ou mentionnant le refus de signer ou de comparaître.

TITRE VIII. — DROITS ET DEVOIRS DES FONCTIONNAIRES.

ART. 60. — Les fonctionnaires ont le droit de se réunir pour délibérer sur des questions d'utilité pratique concernant l'exercice de leurs fonctions ou sur l'opportunité éventuelle de simples vœux à émettre.

Il leur est interdit de délibérer sur des affaires de l'Etat et les ordres de l'autorité compétente.

Art. 61. — Aucun fonctionnaire ne peut user de son autorité ou de son influence officielle pour exercer une pression sur l'action politique des individus.

TITRE IX. — De la discipline.

Chapitre Ier. — *Des peines administratives.*

Art. 64. — Les peines administratives sont:
1° La réprimande simple;
2° La privation de congé;
3° La réprimande avec mention au rapport administratif;
4° La suspension du droit aux augmentations;
5° La privation d'une partie du traitement;
6° Le changement d'emploi;
7° La suspension de fonctions.

Art. 69. — La peine de la privation d'une partie du traitement peut être infligée pour faits graves, même à des fonctionnaires n'ayant jamais encouru de peine disciplinaire antérieure.

La diminution du revenu ne peut pas dépasser un cinquième.

La durée de la privation d'une partie du traitement ne peut excéder un an.

Art. 71. — La peine de la supsension peut être prononcée par tout supérieur hiérarchique contre les fonctionnaires convaincus de malversation, de vols, de déficits excédant les deux tiers du cautionnement, ou de tout autre fait grave et notamment d'actes d'incurie ou d'intempérance de nature à compromettre la sécurité du service.

Art. 76. — Les peines administratives autres que les peines de privation d'une partie du traitement et de changement d'emploi sont prononcées par un supérieur hiérarchique de l'inculpé auquel ce pouvoir est conféré par les dispositions de la loi, ou délégué soit par le Roi, soit par le ministre compétent. Il n'y a d'autres recours contre les sentences de ce genre que le recours hiérarchique.

Les peines de la privation d'une partie du traitement et de changement d'emploi ne peuvent être prononcées que par les Chambres de discipline établies par la loi et dans les formes réglées par celle-ci.

Art. 77. — Aucune peine administrative ne peut être prononcée sans que le fonctionnaire inculpé ait été mis à même de s'expliquer sur les fautes qui lui sont reprochées.

Chapitre II. — *De la révocation.*

Art. 78. — La révocation ne peut être prononcée que par les juridictions disciplinaires établies par la loi, dans les formes réglées par celle-ci.

La révocation entraîne la perte du titre et celle du droit à la pension.

Art. 81. — Il y a deux degrés de juridiction disciplinaire: des chambres de discipline en première instance, et des cours de discipline en degré d'appel. Les chambres de discipline jugent en premier et dernier ressort en ce qui concerne les peines de changement d'emploi et de privation d'une partie du traitement.

Art. 82. — Chaque chambre de discipline est composée:

1° D'un juge de paix délégué à cet effet par le président du tribunal de première instance du ressort et qui sera le président de la chambre de discipline;

2° De deux fonctionnaires, l'un du grade de l'inculpé, l'autre du grade supérieur.

Ces fonctionnaires sont désignés par le sort parmi ceux qui résident dans l'arrondissement administratif du lieu où siège la chambre de discipline.

3° D'un fonctionnaire désigné par le ministre compétent, pour exercer les fonctions de ministère public;

4° D'un greffier désigné par la chambre de discipline lors de sa première réunion.

Art. 84. — La chambre de discipline est composée spécialement pour chaque affaire; elle se réunit dans la commune où le fonctionnaire inculpé exerce ses fonctions.

Art. 85. — Il y a, en Belgique, trois cours de discipline; elles siègent aux lieux de réunion des cours d'appel, et leur ressort est le même que celui de ces cours.

Chaque cour de discipline se compose:

1° D'un membre de la cour d'appel, délégué annuellement à cet effet par le premier président et qui sera le président de la cour de discipline;

2° De deux juges effectifs ou suppléants désignés annuellement à cet effet par le président du tribunal de première instance du lieu de la tenue des audiences et qui rempliront les fonctions d'assesseurs.

Ils prendront rang immédiatement après le président;

3° De deux fonctionnaires, l'un du grade de l'inculpé, l'autre de grade supérieur;

Ces fonctionnaires seront désignés par le sort, pour chaque affaire, parmi ceux qui résident dans l'arrondissement administratif du lieu de la tenue des audiences.

Ils rempliront les fonctions d'assesseurs;

4° D'un fonctionnaire désigné par le ministre compétent, pour exercer les fonctions du ministère public;

5° D'un greffier désigné par la cour de discipline lors de sa première réunion.

Art. 86. — L'instruction des affaires se fait par les soins d'un fonctionnaire que le ministre compétent désigne à cet effet.

L'instruction se poursuit de la même manière que les instructions pénales et dans les formes usitées par celles-ci.

Art. 96. — La sentence de la chambre de discipline doit être motivée.

Art. 97. — L'inculpé reçoit une expédition de la sentence. Le droit d'appel appartient au ministère public aussi bien qu'à l'inculpé; il doit être exercé dans les deux semaines du prononcé par le ministère public.

Art. 101. — Les sentences des cours de discipline peuvent être soumises à la cour de cassation.

TITRE X. — DES DÉMISSIONS, MISES EN DISPONIBILITÉ ET MISES A LA RETRAITE FORCÉE

Art. 103. — Les fonctionnaires publics peuvent être mis en disponibilité, savoir:

1° Sur leur demande ou d'office pour cause de maladie ou d'infirmité dûment constatée et contractée après leur admission dans l'administration;

2° Par mesure générale, par suite de réorganisation ou de suppression d'emploi dans l'intérêt du service.

Art. 104. — Dans les deux cas prévus à l'article précédent, les fonctionnaires mis en disponibilité ont droit à un traitement d'attente.

Art. 110. — Le Roi détermine, pour certaines catégories de fonction, l'âge de la retraite.

Art. 111. — Tout fonctionnaire, même s'il s'agit de fonctions pour lesquelles l'âge de la retraite est déterminé par arrêté royal et avant cet âge, peut être pensionné, quel que soit d'ailleurs le temps de ses services; toutefois, dans ce cas, le chiffre de la pension sera calculé d'après le maximum de traitement que le fonctionnaire aurait pu obtenir s'il était resté investi du même grade.

TITRE XI. — DES EMPLOYÉS A TEMPS ET DES OUVRIERS ATTACHÉS MOMENTANÉMENT AU SERVICE DE L'ETAT.

(Ne concerne pas l'objet de cette étude).

Telle est la proposition Bergé. Elle fut prise en considération et renvoyée à une commission, avec l'adhésion du Gouvernement, mais n'eut pas d'autre suite.

II

Le 21 décembre de la même année, M. Bertrand déposa, avec d'autres membres du parti ouvrier, notamment MM. Vandervelde et Anseele, une nouvelle proposition sur le même sujet (1). Il en développa les motifs le 8 janvier suivant. Voici quelques passages de cet exposé et certains articles particulièrement intéressants de la proposition qui, plus étendue encore que la précédente, contient 14 titres et 146 articles.

Messieurs, la proposition de loi que nous avons l'honneur de soumettre à vos délibérations est, dans plusieurs de ses parties essentielles, la reproduction intégrale de celle qui a été déposée dans la séance de la Chambre du 19 mai dernier par MM. Bergé et consorts. Nous ne pouvons que rendre hommage aux vues dont s'inspiraient nos prédécesseurs: nous nous rallions sans réserve aux considérations qu'ils ont émises pour en faire ressortir la légitimité.

Il importe cependant que nous indiquions les raisons pour lesquelles nous avons cru devoir apporter certaines modifications au travail dont la législature a été saisie; mais nous nous proposons, en même temps, de démontrer de plus près la nécessité de soumettre à des règles précises et invariables la condition des travailleurs manuels et intellectuels qui sont au service de l'Etat..............

En reprenant pour notre compte les principes servant de base au projet de loi élaboré par M. Bergé, nous ne faisons que marcher dans la voie que nous tracent les aspirations du parti ouvrier belge.

Parmi les réformes inscrites au programme économique de ce parti, figurent les points suivants:

« I. Relèvement des salaires et des traitements des ouvriers et employés des administrations publiques, réglementation de l'avancement et droit de se syndiquer pour les ouvriers et employés de l'Etat.

« II. Réglementation légale du travail. Fixation d'un minimum de salaire et de la journée de huit heures de travail pour les ouvriers employés par l'Etat.

« III. Liberté aux employés et aux fonctionnaires des administrations publiques et aux ouvriers de l'Etat d'exprimer en toute circonstance leurs opinions publiques, philosophiques et sociales.

« IV. Administration des services publics par des commissions spéciales autonomes sous le contrôle de l'Etat. Création de comités élus par les ouvriers et employés des services publics pour débattre

_____

(1) Session ordinaire 1894-1895, premier volume, page 265 pour le texte et page 324 pour l'exposé des motifs.

avec l'administration les conditions de rémunération et d'organisation du travail. »

Nous n'abandonnons aucun des articles de ce plan de réorganisation et ceux-ci continueront à faire l'objet de nos préoccupations et de nos études en vue des réalisations de l'avenir. Néanmoins, afin de ne pas soulever des discussions théoriques irritantes et tenant compte de ce que certaines mesures ne sont pas sorties de la période d'essai, nous nous sommes résolus, afin de ne pas retarder l'avènement d'une ère réparatrice pour une classe intéressante de travailleurs, à adopter certaines solutions transactionnelles qui atténueront, dans une large mesure, les souffrances des serviteurs de l'Etat et substitueront, nous en avons du moins l'espoir, le règne de l'équité au régime de l'arbitraire et du favoritisme.

Afin d'assurer d'une manière plus complète encore l'indépendance matérielle et morale des fonctionnaires, employés et ouvriers de l'Etat, il est une autre réforme que nous ambitionnons de réaliser. « Le vice capital de l'organisation actuelle des services publics, a écrit un des membres de cette assemblée, c'est la confusion qui existe entre les fonctions publiques des ministres et le rôle économique qui leur incombe! » L'exploitation des chemins de fer, postes, télégraphes, etc... devrait être dirigée non par des hommes de parti, gouvernant dans l'intérêt de leur parti, mais par des hommes spéciaux, administrant dans l'intérêt de la collectivité. Etrangers aux luttes politiques, soustraits aux fluctuations ministérielles qu'elles entraînent, ils ne seraient pas tentés d'user ou d'abuser au détriment de l'indépendance du personnel, du pouvoir, qu'ils exercent. Ce régime est, dès à présent, appliqué à l'exploitation des chemins de fer dans plusieurs colonies anglaises et donne les meilleurs résultats.

. . . .

Les dispositions du projet Bergé qui se rapportent à l'application des peines administratives n'ont subi que de légères retouches. Il n'en est pas de même de celles qui ont trait à la procédure disciplinaire.

Nous avons rejeté les termes « chambre de discipline » qui sentent trop la caserne; la juridiction doit s'appliquer à des citoyens libres qui ont a s'inspirer, en premier lieu, des intérêts de l'Etat, et pour lesquels la discipline se traduit par le sentiment du devoir et non par une obéissance passive à la lettre des instructions.

Nous avons renoncé à la « cour de discipline ». Il nous a paru qu'étant donné la composition des conseils, une cour d'appel ne saurait offrir de chances plus favorables aux inculpés. Grâce à la composition des conseils, il y aura égalité des parties devant leurs juges, les intéressés ayant la faculté, s'ils le désirent, de désigner deux de leurs pairs pour faire partie du conseil.

D'autre part, nous avons compris, parmi les membres du tribunal administratif, deux fonctionnaires désignés par le sort, afin

qu'on ne nous accuse pas de vouloir énerver la discipline en sou-
mettant les chefs au jugement de leurs subordonnés.

Il nous a paru que les questions d'avancement et l'application des
peines impliquant la suspension du droit aux augmentations devaient
être dévolues au conseil d'arbitrage. Les réclamations relatives à cet
objet ont une influence prépondérante sur l'avenir du personnel
et il n'importe qu'elles ne soient pas soustraites à la juridiction nouvelle. Si le rôle de celle-ci devait se borner à prendre des décisions
sur l'application des peines comportant le changement d'emploi,
la privation d'une partie du traitement ou la rétrogradation (art.
16 du projet de M. Bergé *in-fine*), leur utilité, bien qu'incontestable,
serait des plus faibles, de l'avis unanime des agents que nous avons
entendus, les cas où les employés et ouvriers se trouvent sous le coup
de punitions aussi graves formant l'infime exception.

Proposition de loi
réglant la situation des fonctionnaires publics du royaume.

DE L'AVANCEMENT.

ART. 67. — Pour les fonctions auxquelles est attaché un traitement supérieur à 3.500 francs, les promotions sont conférées au
choix.

Pour toutes les autres fonctions, les promotions sont conférées soit
au choix, soit à l'ancienneté. Un arrêté royal détermine pour chacune des catégories de fonctionnaires les conditions de passage d'un
groupe à l'autre du tableau d'avancement annexé à la présente loi.

ART. 68. — L'avancement « à l'ancienneté » ou « au choix » des
fonctionnaires est déterminé comme suit: Dès qu'un fonctionnaire
a trois ans de service, il est fait par son chef immédiat un rapport
indiquant sa manière de servir, ses aptitudes, son zèle, ses efforts
en vue de simplifier et d'améliorer le service ou de contirbuer à
l'économie des dépenses, à la régularité et à la sécurité du service,
son application à l'étude des instructions, son tact dans les relations avec le public, avec ses supérieurs et ses collègues. Ce rapport
conclut à l'avancement de l'intéressé à l'ancienneté ou au choix.

ART. 69. — L'appréciation des services rendus par les fonctionnaires proposés pour l'avancement au choix doit être basée sur des
faits; le rapport doit conséquemment renseigner les travaux accomplis, les preuves d'initiative fournies, les projets d'amélioration
présentés et tous les autres faits probants.

ART. 70. — Avant expédition du rapport, l'intéressé doit en prendre connaissance et le viser. Il a le droit d'y faire joindre toute
note rectificative ou complémentaire qu'il juge nécessaire de sou-

mettre à l'appréciation de l'autorité chargée de déterminer son mode d'avancement futur.

Art. 71. — Lorsque la protestation de l'intéressé n'est pas admise par l'autorité administrative, la décision motivée de celle-ci est portée à la connaissance du fonctionnaire en cause.

Celui-ci peut en appeler de cette décision au conseil d'arbitrage dont il est question aux articles 121 à 128, qui statue sans appel sur la validité de la décision.

Le rapport non contesté ou la décision intervenue après constatation continuent leurs effets tant qu'il n'intervient aucun rapport ou décision contraire.

Des Peines.

Art. 102. — Les peines administratives sont les réprimandes et les privations de repos ou de congé.

Art. 105. — Les peines disciplinaires sont: la suspension du droit aux augmentations, le changement d'emploi, la suspension de fonctions, la révocation.

Art. 113. — Les peines administratives sont infligées par les supérieurs hiérarchiques, sur rapport vu par l'intéressé.

Art. 114. — Les peines disciplinaires sont proposées par un rapport communiqué à l'intéressé avant expédition à l'autorité supérieure. L'inculpé doit y joindre ses observations ou déclarer par écrit qu'il renonce à la présenter.

Art. 115. — L'instruction des affaires se fait par les soins des fonctionnaires que le ministre compétent désigne à cet effet.

Il est donné connaissance à l'intéressé, avant l'expédition à l'autorité supérieure, de toutes les dépositions des personnes appelées en témoignage, ainsi que du rapport.

L'inculpé déclare par écrit s'il accepte ou non les conclusions du rappor.t Dans l'affirmative, toutes les peines sont prononcées par un supérieur hiérarchique, sans l'intervention du conseil d'arbitrage.

Art. 116. — En cas de contestation, les peines de suspension du droit aux augmentations, de changement d'emploi, de révocation, ne peuvent être prononcées que par le conseil d'arbitrage.

Conseils d'Arbitrage.

Art. 121. — Il est créé par province un conseil d'arbitrage, dont le siège est fixé au chef-lieu.

Art. 122. — Chaque conseil d'arbitrage est composé:

1° Du président du conseil des prud'hommes de la localité où il siège;

2° De deux fonctionnaires désignés par le sort parmi ceux qui résident dans l'arrondissement administratif du lieu où est établi le conseil d'arbitrage;

3° D'un fonctionnaire désigné par le ministre compétent pour exercer les fonctions du ministère public et n'ayant pas voix délibérative ;

4° D'un secrétaire désigné par le ministre et n'ayant pas voix délibérative ;

5° De deux fonctionnaires ou ouvriers désignés par l'inculpé.

ART. 125. — L'inculpé peut recourir à l'assistance d'un défenseur, avocat, fonctionnaire ou ouvrier, en activité de service, pensionné ou démissionnaire, ou toute autre personne de sa famille. La défense a le droit d'avoir, sans déplacement, communication du dossier cinq jours avant la date fixée pour l'audience.

ART. 126. — L'instruction à l'audience se fait de la manière suivante :

Les rapports sont lus par le secrétaire ; les témoins, s'il en a été appelés, sont entendus sous la foi du serment ; le ministère public résume l'affaire et conclut. L'inculpé et son défenseur sont alors entendus.

La défense a le droit d'être entendue en dernier lieu. Après délibération, le conseil prononce sa sentence motivée. Endéans la huitaine, l'inculpé reçoit une expédition de la sentence.

ART. 127. — Les peines disciplinaires sont appliquées par le conseil d'arbitrage aux fonctionnaires ou ouvriers convaincus d'avoir créé des difficultés administratives à leurs sous-ordres en raison des décisions qu'ils ont prises comme membres du conseil d'arbitrage ou en raison de leur témoignage devant ce conseil.

ART. 128. — Les sentences des conseils d'arbitrage peuvent être soumises à la cour de cassation qui prononce, le cas échéant, le renvoi devant le conseil d'arbitrage d'un autre ressort.

Comme la proposition Bergé, la proposition Bertrand fut prise en considération et le Gouvernement déclara qu'il ne s'opposait pas au renvoi à une commission. Mais elle n'eut pas non plus d'autre suite.

ANGLETERRE (1)

L'organisation des services publics est jusqu'ici restée en Angleterre du domaine du pouvoir exécutif, et il n'est pas question que le législatif intervienne. Cela tient à deux raisons, une raison de droit, une raison de fait.

En droit, les fonctionnaires sont considérés comme au service

(1) Le *Civil service Year-book* (annuaire du Service civil), chez Sheppard et St. John, Londres, 1907, contient les principaux textes organiques des services publics en Angleterre, section VI, appendix.

privé de la couronne. Il n'y a pas en effet à proprement parler de droit public en Angleterre ; les personnes administratives y sont soumises au droit privé comme les personnes physiques. Les relations des fonctionnaires et du Souverain sont donc des relations de droit privé, comme il en existe entre toutes personnes dont l'une est employée par l'autre, et ne nécessitent pas un droit spécial.

En fait, le fonctionnement actuel des services publics en Angleterre ne nécessite pas non plus une intervention législative. Pourquoi dans d'autres pays a-t-on réglé, ou veut-on régler par la loi les conditions d'accès et d'occupation des fonctions publiques? Parce qu'on a voulu empêcher que les personnes : roi, président ou ministres, qui détiennent le pouvoir exécutif, exploitent au profit de leurs proches, de leurs courtisans ou d'un parti,, le droit de nommer aux fonctions publiques, ou le laissent exploiter par leurs représentants. Or en Angleterre, aujourd'hui du moins, cette limitation du pouvoir exécutif ne se justifie plus parce qu'il s'est sagement limité lui-même.

Les emplois publics en Angleterre sont divisés en deux classes: les politiques et les non-politiques. Les premiers sont très peu nombreux, une soixantaine environ; ce sont ceux des membres du Cabinet et de leurs adjoints politiques qui, hommes de confiance des chefs du gouvernement, arrivant avec eux au pouvoir et en tombant avec eux, appartenant comme eux au Parlement, les représentent à la tête des grands services publics. Les seconds, au contraire, subordonnés aux précédents, ont pour caractère principal d'être permanents et d'être absolument soustraits aux influences politiques ; le gouvernement, on va le voir, veille à ce que les nominations et promotions aient un caractère uniquement professionnel.

A un autre point de vue encore une loi sur le service public est moins nécessaire en Angleterre qu'en France. Une des raisons pour lesquelles cette loi est désirable ici est la nécessité d'introduire dans l'organisation de nos corps de fonctionnaires l'unité qui y fait absolument défaut. Les décrets qui organisent les différents corps de fonctionnaires n'ont, en effet, aucun lien commun, sont pris par chaque ministre individuellement, sont constamment modifiés, en un mot n'offrent ni unité ni stabilité. En Angleterre cette unité et cette stabilité existent. Les personnels des divers services civils, du « Civil Service » pour employer l'expression générique anglaise, (1) sont soumis à une réglementa-

(1) Le Civil service comprend tous les fonctionnaires civils permanents autres que les juges dont la nomination et la révocation sont réglés à

tion collective constituée par des ordonnances du Roi prises en son Conseil (orders in Council) ; le soin d'assurer l'exécution de cette réglementation est concentré entre les mains des Lords de la Trésorerie (1), qui, par leurs « minutes » (sortes de circulaires), règlent les points de détail et sont secondés dans cette partie de leurs attributions par un office spécial : la « Commission du Civil Service ».

Une traduction des parties les plus importantes de cette réglementation va montrer le mécanisme de l'organisation.

Recrutement. — La principale des ordonnances sur le Civil Service est celle du 4 août 1870, qui règle les conditions d'admission. Jusqu'au milieu du siècle dernier, ces conditions étaient assez lâches ; les candidats étaient bien astreints à des examens, mais peu rigoureux ; en somme l'important était d'être patronné auprès des chefs des départements, d'où le nom de « patronage system » que portait ce mode de recrutement. Une très vive campagne d'opinion, que conduisirent les hommes comme Gladstone et Stuart-Mill (2), fut menée contre le patronage system et, après une première mais insuffisante réforme opérée par une ordonnance de 1855, aboutit à l'ordonnance du 4 juin 1870, qui a fait du concours la base du recrutement des carrières du Civil Service et dont voici le texte:

Ordonnance en Conseil du 4 juin 1870 établissant le système des concours publics

(Open competitions, litt. concours ouverts à tous.)

I. — Sa Majesté,

Considérant qu'il est expédient de maintenir, sous certaines modifications, les dispositions actuellement en vigueur, relativement à l'appréciation, conformément à des règles déterminées, du mérite des personnes proposées pour occuper, à titre permanent ou temporaire, et sauf les exceptions indiquées ci-dessous, une situation ou un emploi quelconque dans les administrations civiles de S. M. ;

Sur l'avis de son Conseil Privé ;

A ordonné et ordonne :

part. Pour le recrutement des juges anglais, voir l'étude que j'ai publiée dans cette revue (10 avril 1907), sur la nomination des magistrats.

(1) La Trésorerie est le plus important des ministères anglais ; à sa tête est placé non pas un ministre isolé, mais un conseil composé de cinq membres du Gouvernement appelés les cinq Lords de la Trésorerie, et dont le premier est presque toujours le chef du Cabinet. Le second, dit Lord de l'Echiquier, est plus spécialement chargé de la direction du ministère.

(2) On en trouve des échos dans son ouvrage « *Le gouvernement représentatif* », pages 346 et suivantes.

Les deux très honorables X et Y, ou toutes autres personnes que S. M. pourrait nommer en leur remplacement, sont chargés, en qualité de commissaires au Service Civil de S. M., d'apprécier les mérites des personnes proposées, ainsi qu'il est dit plus haut, pour occuper une situation ou un emploi quelconque dans l'Administration Civile, et ils conserveront leurs dites charges sous le plaisir de S. M. ; ils sont autorisés, sous réserve de l'approbation des commissaires au Trésor de Sa Majesté, à désigner éventuellement des examinateurs adjoints ou autres pour les assister dans l'accomplissement des obligations qui leur sont ci-dessous imposées (2).

II. — Il est formellement ordonné par les présentes que, (sauf ce qui sera indiqué à l'article 7 de cette ordonnance), les mérites de toute personne proposée pour occuper, à titre permanent ou temporaire, un emploi ou une situation quelconque dans l'Administration civile seront, préalablement à toute nomination, appréciés par lesdits commissaires ou conformément à leurs ordres ; et nul, (sauf l'exception susvisée), ne sera employé dans quelque département que ce soit de l'Administration civile, sans avoir été représenté par les dits commissaires comme dûment qualifié pour être admis, en qualité de stagiaire, à une telle situation ou à un tel emploi.

III. — Nul ne pourra être nommé à aucune charge ou emploi dans les Administrations civiles de S. M., tant qu'il n'aura pas été établi par lesdits commissaires : 1° qu'il remplit les conditions d'âge requises pour occuper la situation ou l'emploi qu'il désire obtenir ; 2° qu'il n'est atteint d'aucune infirmité ou maladie susceptible de mettre obstacle à un accomplissement régulier de ses devoirs ; 3° que rien dans sa personne ne s'oppose à ce qu'il occupe ladite situation ou ledit emploi ; 4° qu'il possède les connaissances et la capacité exigées pour satisfaire à ses devoirs officiels.

IV. — Les conditions spéciales applicables à chaque Département, sous les quatre chefs qui viennent d'être énumérés, seront arrêtées, sous réserve de l'approbation des commissaires au Trésor de S. M., par lesdits commissaires au Service Civil et les autorités principales de chaque Département.

V. — Sous réserve de l'exception ci-dessous prévue, il sera pourvu, postérieurement au 31 août prochain, aux nominations à tous les emplois portés (ou qui seront portés ultérieurement), à l'état y annexé, par voie de concours organisés conformément aux règlements qui seront arrêtés par lesdits commissaires au Service Civil et approuvés par les commissaires au Trésor de S. M. Ces concours seront ouverts à toutes personnes remplissant les conditions d'âge, de santé et autres, exigées par lesdit règlements, qui désireront y participer ; ils donneront lieu à la perception d'honoraires, qui seront fixés par lesdits commissaires au Service Civil, sous l'appro-

(1) La Commission du Service civil emploie 47 fonctionnaires ; elle est comme le ministère du recrutement des fonctions civiles.

bation desdits commissaires au Trésor de Sa Majesté (1) ; les dates de ces concours, la ou les situations dans un ou plusieurs départements auxquelles ils auront pour objet de pourvoir, seront déterminées par lesdits commissaires au Service Civil, sous l'approbation desdits commissaires au Trésor de S. M. ; lesdits commissaires au Service Civil, sur l'avis des autorités principales des différents Departements et sous l'approbation des, commissaires au Trésor de S. M., tiendront compte, comme ils le jugeront convenable, ou des vacances existant à l'époque des concours, ou du nombre de celles qui sont susceptibles de se produire durant une période n'excédant pas six mois à compter de la date du commencement des épreuves.

VI. — (*Ainsi modifié par l'ordonnance en Conseil du 15 septembre 1902.*) Lorsqu'un candidat aura été reçu au concours et qu'un certificat d'aptitude lui aura été délivré par les commissaires, il sera astreint à un stage probatoire d'une année au moins (2) durant lequel sa conduite et sa capacité dans l'expédition des affaires seront soumises à telles épreuves qu'il plaira de déterminer au chef du Département auquel il aura été affecté, et il ne pourra être définitivement nommé dans le service public avant que ce stage ait fourni au chef de son Département une preuve satisfaisante de son aptitude à être employé, à titre permanent, dans cette Administration.

VII. — Au cas où le chef d'un Département auquel ressortit une situation déterminée, considérant de concert avec les lords de la Trésorerie que les connaissances et la capacité nécessaires pour les emplois de cette nature sont exclusivement ou partiellement d'ordre professionnel ou spécial et ne peuvent être acquises normalement dans le service public, proposerait la nomination d'une personne ayant acquis au dehors l'aptitude exigée, de même, lorsque ledit chef d'administration et les lords de la Trésorerie considéront que, soit en vue de faciliter les déplacements des fonctionnaires en surnombre soit pour d'autres raisons, il serait d'intérêt public d'accorder une dispense entière ou partielle d'examen, les commissaires au Service Civil pourront accorder cette dispense, entièrement ou partiellement, et délivrer leur certificat d'aptitude sur la preuve, qui leur sera donnée, que la personne proposée

---

(1) Ces honoraires sont peu élevés ; ils varient suivant le traitement maximum attaché à la catégorie de fonctions à laquelle se présente les candidats. Si le traitement par exemple peut atteindre 5.000 francs, le droit perçu n'est que de 12 fr. 50 ; il est de 25 francs si le traitement peut atteindre 8.750 francs, de 100 francs si le traitement peut atteindre 12.500 francs, de 150 francs si le traitement peut dépasser 15.000 francs, ce qui est fréquent.

(2) Le stage est généralement de deux ans à l'entrée des catégories de fonctions ayant le caractère de fonctions supérieures.

D.   4

possède les connaissances et la capacité requises et remplit d'ailleurs les conditions d'âge, de santé et de moralité.

De cette ordonnance fondamentale il résulte :

1° Que le concours ouvert à tous (open competition) est le mode normal du recrutement des carrières civiles (art. 5 de l'ordonnance), et que ces carrières sont énumérées dans un état annexé à l'ordonnance ;

2° Que pour les carrières non énumérées par cet état, les conditions d'accès sont déterminées par les autorités indiquées à l'art. 4. L'usage a fixé ainsi qu'il suit ces conditions. Tantôt, et c'est le cas le plus ordinaire, les candidats sont astreints à un concours limité (limited competition), ainsi nommé par ce que seuls peuvent s'y présenter les personnes agréées par l'autorité compétente, tantôt les candidats sont seulement astreints, après avoir été agréés, à prouver leur aptitude par un examen de qualification (qualifying examination) (1) ;

3° Que dans les cas spéciaux indiqués à l'art. 7, des fonctions peuvent être conférées sans examen (2).

En somme, c'est au concours soit ouvert à tous, soit limité, le premier constituant le droit commun, que se recrutent en Angleterre, ce ne serait pas assez de dire les services civils, mais les différentes catégories de fonctions dans chaque service. La réforme a eu un succès complet; de nombreux établissements préparent à ces divers concours, qui sont très courus. De la part d'un peuple dont le sens pratique est proverbial, cet hommage rendu au concours est significatif (3).

Promotions. — « Les promotions, dit Todd dans son ouvrage

(1) Par exemple sont recrutées au concours limité les carrières diplomatique et consulaire, et sont seulement astreintes à l'examen de qualification les femmes candidates à l'emploi de dactylographe.

(2) Par exemple les fonctions de conservateur du musée naval ou de surintendant des parcs et jardins royaux.

(3) En France, Marcel Barthe ayant dix ans plus tard déposé une proposition de loi qui faisait d'un examen ou d'un concours le mode légal du recrutement de nos services civils, le rapporteur de la commission chargée de l'examiner, M. Maroou, déclara que les concours étaient « bons pour les animaux gras », et la proposition ne fut pas prise en considération. Le concours joue bien aussi un rôle dans notre administration, mais beaucoup moins important qu'en Angleterre. On ne le trouve généralement qu'à l'entrée du grade le moins élevé de chaque carrière, tandis qu'en Angleterre, les fonctions supérieures ont leurs concours d'entrée distincts.

sur le *Gouvernement parlementaire en Angleterre* (1), échappent entièrement à l'influence des partis. Des circulaires ont été adressées aux membres du Parlement par les chefs des départements, appelant leur attention sur les orders in council qui interdisent formellement aux fonctionnaires d'intéresser les membres du Parlement à leurs promotions ou à leur avancement pécuniaire, et déclarant que toute tentative faite pour obtenir une promotion par une influence indirecte, politique ou autre, sera punie. » Ces prescriptions sont loyalement observées, l'administration reste à l'écart de la politique, la faveur et le népotisme ne sont pas dans les mœurs.

Voici, sur la matière des promotions, la traduction de quelques articles des orders in Council qui organisent les « Clerical establishments », c'est-à-dire le personnel des bureaux. Ce personnel est le plus important du « Civil Service ». Dans tous les pays du monde le rôle des bureaux est considérable, mais il l'est encore davantage dans un pays où il n'y a rien qui ressemble à nos préfets, à nos conseillers de préfecture, à notre Conseil d'Etat; en Angleterre c'est à proprement parler par ses bureaux (boards, offices) que le Pouvoir central gouverne et administre.

Le personnel des bureaux est divisé en quatre catégories, ayant chacune leur concours d'admission : clerks de la 1re division, qui ont la conduite des affaires et forment la catégorie supérieure du personnel administratif, — clercks de la 2e division qui en forment la partie moyenne et assurent l'expédition des affaires courantes sous la direction des premiers, — assistant clercks, qui font la besogne purement routinière, — copistes.

Les ordonnances organiques de la 2e division règlent de la manière suivante les promotions dont sont susceptibles d'être l'objet les fonctionnaires de cette catégorie.

Ordonnance au Conseil du 21 mars 1890, constituant la 2e Division du Service Civil.

Art. 3. — Le traitement des employés de la 2e Division est de £ 70,—,— par an, au début (2), et est porté, par voie d'augmentations annuelles, aux chiffres suivants :

(1) Traduit en français dans la collection de la Bibliothèque internationale de droit public, chez Giard et Brière, page 206, Tome 1.
(2) Ce traitement paraîtra bien modique, mais il ne faut pas oublier que les Anglais, n'étant pas assujettis au service militaire, commencent leur existence professionnelle de très bonne heure. C'est à partir de 17 ans qu'on peut se présenter au concours d'entrée de la 2e division, et on ne

de £ 70 à £ 100, par augmentation annuelle de £ 5,—,—
» » 100 » » 190   »   » » 7,10 s.
» » 190 » » 250   »   » » 10,—,—

ART. 4. — Il sera et il est établi par les présentes une section supérieure de la 2ᵉ division ; le traitement attribué aux employés de cette section est de £ 250, au début ; il est susceptible de s'élever jusqu'à £ 350,—,—, par voie d'augmentations annuelles de £ 10,—,—

ATR. 5. — Les augmentations annuelles de traitement ne peuvent être accordées que sur la production de certificats annuels du supérieur immédiat de l'employé, contresignés par le chef du Département ou le fonctionnaire désigné à cet effet par ce dernier. Chaque certificat doit établir que la conduite de l'employé a été satisfaisante à tous égards durant l'année qui a précédé la délivrance dudit certificat.

Lorsque le traitement d'un employé atteint £ 100, un rapport spécial sur sa capacité, sa conduite et son zèle doit être établi par les chefs de bureau et de division sous les ordres desquels il a servi ou sert, et tant que ce rapport n'a pas été approuvé et transmis par le chef du Département, aucune nouvelle augmentation de traitement ne peut être accordé audit employé.

Lorsque le traitement d'un employé atteint £ 190, il ne peut plus recevoir une nouvelle augmentation de traitement, à moins qu'il ne fasse l'objet d'un rapport de ses supérieurs immédiats, confirmé par le chef du Département, le représentant comme parfaitement capable de remplir à l'avenir des fonctions d'un ordre supérieur et plus délicates

ART. 6. — Les promotions à la section supérieure créée par l'article 4 du présent acte sont faites au mérite et non à l'ancienneté. Elles ne peuvent avoir lieu que lorsqu'un employé, auquel il n'est attribué aucune indemnité supplémentaire, atteint un traitement de £ 250 ; néanmoins, les commissaires de la Trésorerie peuvent, sur la proposition du chef d'un Département, accorder, à titre tout à fait exceptionnel, à un employé particulièrement méritant, sa promotion à la section supérieure, bien qu'il n'ait droit qu'à un traitement inférieur à £ 250,—,—.

Ordonnance en Conseil du 29 novembre 1878, contenant certaines règles spéciales à la 2ᵐᵉ division du service civil.

ART 12. — Aucun employé ne pourra être promu de la 2ᵉ division du Service Civil à la 1ʳᵉ division, ou être pourvu d'une situation, non considérée comme appartenant à la 1ʳᵉ division, mais à laquelle

le peut plus au-dessus de 20 ans. Le programme n'exige d'ailleurs qu'une instruction correspondant à notre enseignement primaire supérieur, ou mieux encore à ce que nous appelions autrefois l'enseignement secondaire spécial.

est attribué un traitement maximum supérieur à 500 £ par an, ou de laquelle on peut atteindre, par la voie ordinaire des promotions, une situation dont le salaire maximum dépasse 500 £ par an, sans un certificat spécial des commissaires du Service Civil. Ledit certificat ne pourra être accordé qu'exceptionnellement, et après 8 ans de service au moins, sur la proposition spéciale du chef du Département et l'assentiment de la Trésorerie ; les promotions dont il s'agit seront, ainsi que les propositions, certificats et assentiments, qui les auront précédés, publiées dans le *London Gazette* et auront leur effet à compter de la date de cette publication.

On voit l'économie du système. La carrière comprend trois classes ordinaires et une classe supérieure. Dans la limite du traitement maximum de chaque classe le fonctionnaire voit son traitement augmenter annuellement sauf opposition du chef immédiat. Il passe de l'une à l'autre des classes ordinaires à l'ancienneté, sous la condition qu'il soit l'objet d'un rapport favorable du chef immédiat. Il passe à la section supérieure au mérite. Enfin, pour que le fonctionnaire soit promu à une autre catégorie de fonctions que sa catégorie d'origine, il faut qu'il fasse preuve d'un mérite exceptionnel, que son aptitude soit certifiée par des Commissaires du Civil Service comme s'il s'agissait d'une nouvelle entrée en service et que la Trésorerie donne son consentement.

Les fonctionnaires de la 1re division (order du 15 août 1870) sont également divisés en trois classes, de 5.000 à 25.000; leur traitement augmente annuellement dans chaque classe; ils passent d'une classe à l'autre au mérite. En fait les promotions ont lieu surtout à l'ancienneté. Il est constant que plus le recrutement d'une catégorie de fonctionnaires est sévère, plus les promotions ont une tendance à s'y faire uniquement à l'ancienneté. J'ai déjà cité l'exemple de la Prusse; en France dans les corps de l'inspection des finances et des ingénieurs des ponts et chaussées, qui ne s'ouvrent qu'à une élite, les promotions ont lieu à l'ancienneté; en Angleterre, il en est aussi de même dans les fonctions supérieures du Civil Service auxquelles on ne peut accéder que par la voie de concours fort difficiles (1).

(1) Un de mes amis me citait ce fait qu'au Colonial Office, non seulement les clercks de la 1re division avancent purement à l'ancienneté, mais encore que les fonctions de secrétaire particulier du secrétaire d'Etat et de ses adjoints sont traditionnellement dévolues aux trois plus anciens clercks de la 2e classe. Quand on songe à la brigue effrénée que suscitent, dans la cohue des employés de nos ministères, les moindres promotions et la faveur d'être attaché à la personne d'un ministre ou d'un di-

L'action disciplinaire. — Aucune règle ne détermine les conditions dans lesquelles un fonctionnaire peut être disciplinairement relevé de ses fonctions. Bien mieux, l'acte de nomination des fonctionnaires, comme on a pu le voir par le début de l'order du 4 août 1870, porte qu'ils ne conserveront leur charge qu'autant qu'il plaira à Sa Majesté. Cependant il n'y a pas de pays où la situation du fonctionnaire soit plus stable ; son caractère essentiel, comme j'ai déjà eu l'occasion de le dire, est d'être « permanent » ; s'il arrive que des suppressions d'emploi soient nécessaires, elles sont largement compensées par des pensions ; pour qu'un fonctionnaire soit révoqué, il faut qu'il se soit rendu coupable de fautes professionnelles graves.

Todd explique ainsi pourquoi le Pouvoir, qui a réglé les conditions d'accès des fonctions, n'a pas réglé les conditions de révocation : « On a prétendu que les rapports disciplinaires des fonctionnaires permanents et du Gouvernement doivent être réglés par « statute », de manière à prévenir les abus de pouvoir de la part des conseillers responsables de la Couronne envers ses subordonnés. Mais la loi ne saurait définir à l'avance les fautes susceptibles de faire révoquer un fonctionnaire. La situation se règle plus sûrement grâce à la seule puissance de l'opinion publique. La force de l'opinion est si grande qu'actuellement un ministre ne songera jamais à relever un fonctionnaire de sa charge si ce n'est pour très mauvaise conduite (gross misconduct) (1) » .

Sans vouloir entrer ici dans une discussion qui ne serait pas à sa place dans cette étude purement documentaire, je signale qu'on peut très bien concevoir un « statute » qui instituerait une juridiction disciplinaire sans énumérer à l'avance les fautes disciplinaires. C'est précisément, on l'a vu, ce qui existe en Allemagne, et c'est ce que je réclamerai le moment venu pour la France.

Peut-être y a-t-il aussi une autre raison à l'absence d'une législation et d'une juridiction disciplinaires en Angleterre, c'est qu'un fonctionnaire étant juridiquement considéré comme au service privé de la Couronne, se trouve tout naturellement protégé par le

teur, on est tout de même forcé de reconnaître qu'il y a dans la mentalité des deux administrations une certaine différence. Je n'ai pas la naïveté de prétendre que la faveur soit inconnue en Angleterre. Je constate seulement que des mesures sont prises contre elle, et que ces mesures semblent efficaces, si on en croit les personnes les mieux informées, par exemple M. de Franqueville dans son livre le *Gouvernement britannique*, ou M. Max Leclerc dans son livre sur les *Professions en Angleterre*.

(1) Pages 272-273. Tome I.

droit commun et pourrait, en cas de révocation intempestive ou abusive, saisir les tribunaux. En France, au contraire, la révocation d'un fonctionnaire est considérée comme un acte de la puissance publique et comme tel ne peut être attaquée quant à son opportunité, mais seulement si l'acte a été pris en violation des formes prescrites.

Toujours est-il que, si dans la plupart des autres pays des juridictions spéciales ont été reconnues nécesaires, pour juger les fautes professionnelles des fonctionnaires, ces juridictions n'existent pas en Angleterfre.

ETATS-UNIS

Il existe aux Etats-Unis une loi du 10 janvier 1883, dite « loi pour la régularisation et l'amélioration du service civil ». (1)

Cette loi est une loi fédérale; elle s'applique non pas aux services propres aux Etats, mais aux services qui, leur étant communs, sont administrés par la Confédération, c'est-à-dire à ceux des postes, des douanes, de la Trésorerie fédérale, aux grands offices de contrôle et d'information concernant l'agriculture, le commerce, l'industrie, les chemins de fer, etc. Elle ne s'applique pas non plus à tous les fonctionnaires de ces services ; elle laisse de côté les fonctionnaires qui, aux termes de la Constitution des Etats-Unis, sont nommés par le Président après agrément du Sénat, savoir : les juges des tribunaux fédéraux, les représentants de la Confédération à l'étranger, les chefs et hauts fonctionnaires des offices ; elle laisse aussi de côté les ouvriers des services publics.

Avant de donner le texte de cette loi, voici quelques indications nécessaires sur les circonstances dans lesquelles elle est intervenue.

En spécifiant que le Président ne pourrait nommer aux emplois particulièrement importants qu'avec l'agrément du Sénat, la Constitution n'avait rien dit des autres. Il appartenait donc au Président d'y pourvoir librement. Au début les choses allèrent sans difficultés, si bien que l'administration américaine pouvait passer pour un modèle de carrière régulière. Pendant les cinquantes premières années d'existence de la République, il n'y eut que 74 révocations. Mais, vers 1830, les partis émirent la prétention de pouvoir disposer des emplois publics en faveur de leurs agents, et un sénateur

(1) *L'Annuaire des législations étrangères,* année 1884, a publié une traduction de cette loi page 799.

traduisit leurs sentiments en réclamant pour le vainqueur, « le droit aux dépouilles du vaincu ». Dès lors il fut admis que le parti arrivant au pouvoir procéderait à un renouvellement général du personnel administratif.

Les emplois publics furent ainsi soumis à une « rotation » continuelle. A peine nommé le Président demandait aux représentants des Etats qui étaient de son parti de lui indiquer leurs candidats et nommait lui-même ses créatures dans les Etats du parti adverse. « De cette façon, dit dans une phrase admirable M. Bryce, la conception que les politiciens finirent par se faire de la possession d'un poste ne fut pas la conception idéale, selon laquelle un fonctionnaire a des devoirs vis-à-vis du public ; — ni la conception pratique, d'après laquelle une fonction est un lit confortable où un homme peut vivre s'il ne néglige pas complètement son travail; — mais bien la conception immorale, selon laquelle une fonction publique est un salaire qu'on reçoit pour des services soit rendus à son parti dans le passé, soit à lui rendre dans le présent ou dans l'avenir. » (1)

Le peuple américain fut assez long à s'émouvoir de cette situation. La « lutte pour les dépouilles » prit même le caractère d'une distraction périodique, d'une espèce de sport qui s'adaptait au tempérament de joueur des américains. La partie la plus saine de la population restait d'ailleurs à l'écart des emplois publics et se contentait de marquer les coups.

Cependant la corruption devint telle qu'une réaction finit par se produire. Déjà Lincoln avait dit : « Si jamais ce peuple libre, si ce Gouvernement deviennent complètement démoralisés, ce sera à cause de ces agitations et de ces luttes pour les emplois ». En 1866, une enquête fût ordonnée par le Congrès. Elle aboutit à cette constatation que, les fonctions étant uniquement le prix de la brigue, les fonctionnaires étaient incapables, et « qu'il y avait tant de voleurs dans les services publics que l'honnêteté était l'exception ». Pendant plusieurs années des projets de réformes furent mis à l'étude. Mais le « spoils system » était tellement entré dans les mœurs qu'ils auraient mis encore longtemps à aboutir si deux faits n'avaient précipité la solution. Au moment des élections en 1882 le parti républicain envoya officiellement à tous les employés publics et jusqu'aux balayeurs du Capitole (2), une circulaire pour leur demander une contribution nominative de 2 p. 100 sur leur traitement s'ils voulaient être maintenus en fonctions. Au même

(1) *The american Commonwealth*, page 180 du Tome III de la traduction publiée par la bibliothèque internationale de droit public, 1901.
(2) Le siège des séances du Congrès.

moment un quémandeur d'emplois repoussé tua le Président Garfield d'un coup de revolver. Ce crime et l'imprudence des politiciens achevèrent la victoire de l'opinion ; dès le début de l'année suivante fut votée la loi « pour la régularisation et l'amélioration du service civil ».

Voici le texte de cette loi.

Loi du 19 janvier 1883 pour la régularisation et l'amélioration du Service civil (1) des Etats-Unis.

ARTICLE PREMIER. — Le président est autorisé à nommer, sur l'avis et avec le consentement du Sénat, trois commissaires du service civil, dont deux, au plus, pourront être pris dans le même parti politique, et dont aucun ne devra occuper une autre place officielle, dépendant des Etats-Unis.

ART. 2. — § 1er Les commissaires devront, sur sa demande, assister le président dans la préparation de tous règlements nécessaires pour assurer l'exécution de la présente loi ; après promulgation de ces règlements, tous membres des administrations et bureaux qu'ils concerneront devront, par tous moyens convenables, en assurer l'exécution.

§ 2. — Entre autres choses, lesdits règlements devront, autant qu'il sera possible dans des conditions de sage administration, consacrer les principes suivants :

1° Il sera institué des concours librement ouverts, destinés à éprouver l'aptitude de tous candidats présents ou futurs aux emplois du service public classés ou à classer comme il sera dit ci-dessous. Ces concours auront un caractère pratique et porteront, autant que possible, sur les matières les plus propres à mettre en lumière les capacités et aptitudes relatives des candidats pour les emplois par eux sollicités.

2° Tous emplois ou places feront l'objet d'un classement général par catégories de fonctions, et les nominations aux emplois et places, ainsi classés, seront faites suivant le rang obtenu par les candidats dans les épreuves de concours.

3° Les nominations aux emplois publics, à Washington, seront ré-

---

(1) L'expression américaine est « Civil Service », comme en Angleterre, et le sens est le même. On remarquera d'ailleurs que la loi américaine s'inspire largement de l'ordonnance anglaise de 1870, notamment en ce qui concerne l'institution de concours à l'entrée des carrières et d'une haute commission chargée de veiller à leur bon recrutement.

parties entre les divers États et Territoires et le district de la Colombie, proportionnellement aux chiffres de population constatés par le dernier recensement.

4° Une période de stage précédera toute nomination définitive.

5° Aucun fonctionnaire public ne sera, à raison de sa qualité, obligé de contribuer à aucune souscription politique, ni de rendre aucun service politique ; il ne pourra, pour refus de le faire, ni être révoqué, ni être l'objet d'une disgrâce quelconque.

6° Aucun fonctionnaire ne pourra user de son autorité, ou de son influence officielle, pour exercer une pression sur l'action politique des individus ou des corporations.

7° Lorsque, sur l'avis publié d'une vacance d'emploi, il ne se présentera pas de candidats demandant à concourir, la commission pourra, s'il y a lieu, faire subir de simples examens.

8° L'autorité chargée de nommer aux emplois devra faire connaître par écrit à la commission le nom et la résidence des fonctionnaires ou employés pris parmi les candidats ayant subi les épreuves, le rejet de candidats ayant subi un stage, les changements de résidence, démissions et révocations, ainsi que la date de ces diversesdécisions ; la commission tiendra note du tout. Toutes exceptions jugées nécessaires à ces huit principes de réglémentation seront mentionnées à la suite, et les raisons en seront relatées dans les rapports annuels de la commission.

Art. 3. La commission, en se conformant toutefois aux règlements qui pourront être arrêtés par le président, règlementera et dirigera les concours et examens, par ses membres ou par les examinateurs ; elle en surveillera et conservera les comptes rendus ; elle gardera elle-même minute de toutes ses opérations.

Art. 3. La commission pourra se livrer à des investigations et dresser des rapports sur tous les faits intéressant la mise à exécution et les effets des susdits règlements, ainsi que pour tous actes des examinateurs des jurys d'examen dont il va être parlé ci-après, de ses propres subordonnés, ou des fonctionnaires et employés du service public, relativement à l'exécution de la présente loi.

La commission adressera chaque année au président un rapport, qui sera transmis au Congrès et qui fera connaître les divers actes de la commission, les règlements en vigueur et les exceptions admises, les résultats pratiques de ces règles et exceptions, et les modifications qui pourraient assurer à la loi une plus grande efficacité.

Art. 5. — Seront punis d'une amende de 100 à 1.000 dollards (500 à 5.000 fr.), et d'un emprisonnement de dix jours à un an, ou de l'une de ces deux peines seulement, tous commissaires, examinateurs, copistes, messagers ou autres employés du service public qui, spontanément ou par suite de corruption, seuls ou conjointement avec un ou plusieurs autres, auront par violence, dol ou supercherie, porté atteinte au droit d'admission d'un candidat du concours, ou donné des notes, fourni des indications ou dressé des rapports inexacts sur les épreuves subies par un candidat ou sur le rang qui lui appartenait, ou procuré des renseignements particuliers ou secrets dans le but, soit d'augmenter, soit de diminuer les chances d'un candidat au concours, ou d'une personne proposée pour une nomination ou pour un avancement (1).

Art. 7. — Après l'expiration d'un délai de six mois à partir de la présente loi, aucun administrateur ou employé ne devra être nommé ou passer par promotion dans une des classes précédemment indiquées, s'il n'a subi l'épreuve du concours ou justifié d'un motif d'exemption conforme aux prévisions réglémentaires. (Ces exemptions concernant notamment les militaires ou marins retraités, les nominations que le président peut faire en vertu de ses poupoirs constitutionnels, les fonctionnaires étrangers à la branche exécutive de l'administration, les simples ouvriers...)

Art. 8. — Aucune personne adonnée à un usage excessif de boissons énivrantes ne pourra être nommée ou maintenue dans l'un des postes et emplois auxquels cette loi est applicable.

Art. 10. — Aucune recommandation d'un membre du Sénat ou de la Chambre des représentants (excepté les renseignements sur la résidence ou la réputation du candidat) ne devra être reçue ou prise en considération par aucun de ceux qui, d'après la présente loi, ont qualité pour faire subir les examens ou pour nommer aux emplois.

Les articles 11 à 15 sont relatifs à l'interdiction aux membres du Congrès et à tous fonctionnaires d'organiser des souscriptions politiques parmi le personnel ou dans les locaux de l'administration.

Telle est la loi dite Pendleton, du nom du sénateur qui en fut le principal artisan. Le mouvement qui lui a donné naissance à d'ailleurs continué. Les politiciens ayant plusieurs fois tenté de mettre la loi en échec, en essayant de faire supprimer le crédit sur lequel est payé la Commission du Civil Service, les « Civil Service reformers » ont formé des ligues destinées à monter la garde autour de la loi, à en surveiller et à en étendre l'application.

(1) Il existe aussi en France une loi sur la répression des fraudes commises à l'occasion de concours ou examens publics, mais seulement depuis 1901. — Je signale, à titre de curiosité, qu'en France une disposition du genre de cet article de la loi américaine aurait permis de poursuivre les fonctionnaires qui ont établi des *fiches* sur leurs collègues.

— 60 —

Le principe du concours a été adopté par de nombreux Etats et les plus grandes villes pour le recrutement du personnel de leurs services.

Le fait est d'autant plus remarquable que cette loi n'avait pas de force, au sens juridique du mot. Le Président tenant en effet de la Constitution le droit de nommer aux emplois, sauf l'obligation d'obtenir pour certains emplois l'agrément du Sénat, la loi qui a établi des conditions pour l'accès d'autres emplois n'a pour lui que la valeur d'un avis; c'est la force de l'opinion publique qui l'oblige à l'observer.

C'est ce qui explique que, plus encore que son effet matériel, l'effet moral de la loi a été considérable : « Le mouvement contre le système des dépouilles, dit M. Ostrogorski dans son ouvrage *L'Organisation des partis et la démocratie* (1), ralluma la flamme éteinte de l'idéal dans la vie publique américaine. Le caractère bien concret et limité que présenta la réforme en prenant la voie législative, qui lui donnait un aspect tangible et pratique, propre à attirer les adhésions, fut un conducteur admirable de cette flamme. Mais en même temps l'apparente modestie du dessein exigeait de ceux qui le poursuivaient d'autant plus d'abnégation et de conviction intime du devoir. Partis pour une nouvelle guerre d'abolitionnisme, les « Civil service reformers » n'avaient pas l'auréole des anciens abolitionnistes réclamant les droits de l'homme pour le nègre, cherchant à briser les chaînes des esclaves ; eux, ils n'apparaissaient aux yeux de la foule que comme des partisans d'*examens chinois*. Ils devaient chercher dans leur propre conscience ce stimulant de l'effort qui d'ordinaire est fourni du dehors dans les mouvements qui frappent les imaginations. Aussi le sentiment qu'ils cultivèrent en eux et autour d'eux n'était pas un sentiment passager que la vague des entraînements populaires apporte et emporte, mais une conviction profonde. Elle y forma chez plusieurs d'entre eux comme un fonds permanent de droiture politique, où ils puisèrent leurs munitions morales dans toutes les grandes conjonctures, dans toutes les luttes politiques qui remplirent ce dernier quart de siècle ».

*
* *

Ces lignes me serviront de conclusion. A la veille du jour où la réforme de notre service civil va également être tentée sous la forme concrète d'une loi, elles sont tout à fait de circons-

(1) Page 467 du Tome 11, chez Plon et Nourrit, 1903.

tance. Evidemment nous n'avons jamais en France pratiqué le
« Spoils system » proprement dit. Mais c'est bien aussi une sorte
de système des dépouilles que celui qui livre les emplois publics
aux protégés, directs ou indirects, des hommes qui se succèdent
au Pouvoir, dans les Chambres et à la tête des services. Aux
Etats-Unis, la chasse aux places avait lieu par grandes battues pé-
riodiques; chez nous elle est moins brutale mais permanente ;
l'immoralité est la même.

Le rapprochement est si naturel qu'on l'a fait en Amérique
même. Dans son ouvrage réputé : *L'Etat* (1), M. Woodrow Wil-
son dit : « L'administration française, dans toutes les branches, à
tous les degrés de l'échelle, depuis les plus bas jusqu'aux plus
élevés, a été profondément corrompue par l'introduction de cette
idée fatale que les fonctions publiques pouvaient et devaient être
la récompense de services personnels ou de parti. Cette situation
menace de devenir plus dangereuse pour le bon gouvernement de
la France qu'elle ne l'a été pour les Etats-Unis. Les fonctions à la
disposition des ministres en France sont beaucoup plus nombreuses que celles à la nomination du Président des Etats-Unis, et la
nécessité dans laquelle se trouvent en France les ministres de
plaire aux Chambres et de leur distribuer des faveurs est incom-
parablement plus grande que n'est la nécessité pour le Président
des Etats-Unis de plaire au Congrès, car les fonctions des premiers dépendent de la volonté des Chambres tandis que la fonction du second ne dépend pas du Congrès. »

La justesse de cette observation est évidente. Eh bien, s'il en est
ainsi, si nous nous trouvons en face d'une situation qui menace
à la fois la sincérité et la moralité du régime représentatif, pourquoi donc ne verrions-nous pas se produire un mouvement réfor-
miste analogue à cette lutte contre le Spoils System qui, aux Etats-
Unis, « mené par des hommes d'élite, dont certains jouissaient
d'une réputation nationale, est devenu une croisade de régénéra-
tion de la démocratie ». Pourquoi ne verrions-nous pas aussi
« se mobiliser des ardeurs désintéressées » (2) pour une si juste
cause ?

D'ailleurs il n'est pas nécessaire d'aller chercher un exemple
au-delà de l'Atlantique. J'ai eu l'occasion de montrer que dans
notre propre pays, en 1840-1850, un mouvement analogue fut
conduit par des hommes qui, eux aussi, jouissaient d'une répu
tation nationale : Tocqueville, St-Marc-Girardin, Vivien, Dufaure,

(1) *The State*, traduit dans la collection de la Bibliothèque internationale de droit public, 1902, Tome Ier, n°s 425 et 446.
(2) M. Ostrogorski, dans son ouvrage déjà cité, page 468, Tome II.

Laboulaye, Hippolyte Carnot et bien d'autres, notamment les plus
éminents des professeurs d'alors de nos Facultés de droit qui,
pour porter des noms moins populaires, n'en représentaient
pas moins l'élite de la nation (1) . Puisse ce souvenir, puisse
le spectacle des progrès réalisés ou tentés à l'étranger, et plus
particulièrement le si remarquable projet du gouvernement italien, soutenir dans ses desseins la Commission de la Chambre qui
a eu le mérite, malgré l'indifférence hostile de notre gouvernement et d'un grand journal (2) , d'inscrire dans le programme de
ses travaux une loi sur l'état des fonctionnaires (3) .

(1) Cf. mon étude sur l'histoire du *Statut des fonctionnaires devant le
Parlement*, Grande Revue, 10 octobre 1907.

(2) Je veux parler du *Temps*, qui a soutenu que des règlements d'administration publique, spéciaux à chaque service, suffiraient fort bien aux
nécessités, comme si l'exemple des administrations centrales des ministères ne fournissait pas depuis vingt ans une preuve éclatante du contraire. Il faut espérer que, mieux éclairé, le *Temps* se fera une autre
idée des choses. Cent fois, dans ces dernières années, il a flétri, avec une
vigueur qu'on ne saurait dépasser « le régime de favoritisme universel »,
sous lequel nous vivons. Ce n'est pas par de simples règlements ministériels qu'on en triomphera. Je me suis déjà expliqué sur ce point ailleurs et n'y reviendrai pas (*La condition juridique du fonctionnaire*, dans
la *Revue d'administration*, février 1907, et *De l'opportunité d'une loi sur
l'état des fonctionnaires*, dans la *Revue du Droit public et de la Science
politique*, janvier-mars 1907.

(3) J'aurais pu joindre à ce travail une étude sur la Russie. Je ne l'ai
pas fait pour deux raisons. La première est que j'ai déjà publié dans la
Revue bleue (juin 1905), une étude sur la bureaucratie russe, que je
n'aurais pu que rééditer en partie. La seconde est que, les systèmes sui-
vis en matière d'administration du personnel dans les deux pays se res-
semblant sous beaucoup de points, cette publication n'eût guère été à
sa place ici, où je me suis proposé d'indiquer des exemples à suivre.

TABLE DES MATIERES

Préface	I
France	3
Allemagne	9
Italie	16
Belgique	23
Angleterre	35
Etats-Unis	45

Paris. — Typ. A. DAVY, 52, rue Madame. — *Téléphone*

www.ingramcontent.com/pod-product-compliance
Ingram Content Group UK Ltd.
Pitfield, Milton Keynes, MK11 3LW, UK
UKHW020649120726
13658UKWH00006B/1338